Heibonsha Library

釈尊の生涯

平凡社ライブラリー

Heibonsha Library

釈尊の生涯

中村元

平凡社

本著作は一九六三年五月、平凡社より刊行されたものです。

目次

序

過去二千数百年にわたってひろく人類の師として人々を導き、仏教の開祖として仰がれるゴータマ・ブッダ（釈尊）が実際にどのような生涯を送ったか、そのあとを能うかぎり明らかにしようとするのが、この書の目的である。

だからこの書は仏伝でもなければ、仏伝の研究でもない。いわゆる仏伝のうちには神話的な要素が多いし、また釈尊が説いたとされている教えのうちにも、後世の付加仮託になるものが非常に多い。こういう後代の要素を能うかぎり排除して、歴史的人物としての釈尊の生涯を可能な範囲において事実に近いすがたで示そうと努めた。

そのために筆者は諸種の仏伝を必要に応じていちおう参考にしたけれども、それにもっぱら準拠しないで、むしろ原始経典自体のなかに出てくる事件の継起の記述を手がかりとして、経典自体の文句（つまり仏伝よりも古い資料）について、それに原典批判的検討を加えて、ゴータマ・ブッダの生涯の事実に肉迫しようとした。従来、原始仏教聖典といえばパーリ語のものと漢訳とのみに限られていたようであるが、最近は、中央アジアから発見されたサンスクリット語の聖典やチベット蔵経のなかの対応部分も逐次刊行されているので、学問的検討にいっそう好つごうになってきた。

しかし諸種の異なったテクストの比較研究だけでは学問的に不十分である。筆者は必要に応じて乏しい知識をたよりに釈尊の生涯の個々の事件にインド学的な照明の光を当てて、インド思想史における意義を解明したいと願った。さらに考古学的資料や実地踏査にもとづく風土的考察検討も同様に重要である。これらにもとづいて、何とかして事実に近いゴータマ・ブッダ伝を構成しようとめざした。ただ筆者の浅学と非力のため十全を尽くしえなかったことを残念に思う。

こういう試みは、後世の仏教徒が心に描いていた釈尊のすがたを壊すことになるかもしれないし、また読者の希望と正反対のすがたが出てくるかもしれないので、それは残念であるが、しかしいたしかたない。歴史的研究は小説ではない。われわれは歴史的真実をめざすのである。そうして十分な批判検討をへて現わし出されたゴータマ・ブッダのすがたは、われわれに向かって直接に、かならずや何か意義の深いことを教えてくれるであろう。

歴史的人物としてのゴータマ・ブッダの生涯を明らかにするためには、なお検討すべきことが多い。ただ今ここではいちおう彼の生涯と関係ある古い資料を彼の生涯を追って整理紹介し、いささか検討を加えたまでである。思想的な問題は論じ残してあるが、これは他の機会に譲りたい。

また歴史的研究としても、筆者のこの仕事だけではまだ十分ではなくて、なお残された課題がある。それは後代に成立した諸種の仏伝のなかから古い要素、あるいは事実として信頼しうる記述をとり出すことである。しかしそれは非常に複雑な手続を必要とするので、短時日のうちにはなしとげ難く、これは後日に譲り、今ここでは古い資料の紹介検討だけでやめておくことにした。諸種の仏伝のなかの有名な伝説でも、この書のなかで論ぜられていないものがあるが、それは古い資料に出ていないためであり、それについては将来詳細な検討を加えたい。

筆者はたまたま戦後四度ほどインドに短時日の旅行をすることができた。とくに一九五六年末にはインド政府が釈尊二千五百年記念式典を行ない、仏跡をもっぱら案内されたので、記憶や印象の薄れないうちにこの釈尊の伝記をまとめておこうという気になった。おもなわかりやすい部分は諸雑誌に発表し、識者からもいろいろ教示にあずかったが、今まとめて刊行するにあたり、かなり大きく増訂した。今後さらに多くのかたがたの教示をえて、考察を進めたいと思う。

一九五七年一二月二七日

著者しるす

問題の所在

人類の師と仰がれる歴史的人格としてのゴータマ・ブッダは実際にはいかなる生涯を送り、いかなることを説いたのであろうか。

ゴータマ・ブッダすなわち釈尊を人類の師と呼ぶことに異議をさしはさまれるかもしれない。彼は仏教徒にとってこそ師であるが、他の人々にとってはそうではない、と。しかし今日では世界全体を通じて自分の属する宗教と自分の信念ないし人生観との間に大きなくい違いが起こっている。日本でいえば、家の宗教が何々宗だからその儀礼を行なうだけであり、自分個人の思想はそれから遠く離れている場合も少なくない。アメリカでいえば、教会の儀式を拒否することは社会的にぐあいが悪いから参列するという傾向が著しいし、それを明言するアメリカ人もいる。だから道を求め、人生観を確立したいと思う人は、既成教団とは無関係に古今の哲人・思想家に面と向かって教えを受け、あるいは対決しようと希望することとなる。この傾向が強まりつつある以上、仏教徒でない人々でも釈尊の教えを聞こうとする人々が出るのは当然である。

先般のインド政府の釈尊二千五百年記念式典では、ヒンズー教徒や回教徒の人々が主催して、多くの非仏教徒が参加して行なっているので、ますますこの感を深くした。

ところで、こういう精神的要求に正しくこたえるためには、歴史的人格としてのゴータマ・ブッダが実際にいかなる活動をなし、いかなることを説いたかということを、学問的に正しく解明して、そこに通り流れていた精神を明らかにしなければならない。

釈尊の伝記という名の書物は今までかなり多く刊行されている。いまさらここでことごとしく問題にする必要はないかもしれない。しかし、それにもかかわらず、釈尊の新たな伝記を読みたいという希望をしばしば耳にする。それはなぜであろうか。

昔にも「仏伝」というものが数多く著わされ、今日の学者の著わした釈尊伝は多かれ少なかれそれに準拠している。西洋の学者がとくにもとづくのは、パーリ文ジャータカの序文である「因縁譚」である。これは伝記としてはもっとも完備したかたちのものである。しかし、これはおそらく五世紀のブッダゴーサが自分で書いたものであると考えられるから、歴史的人物としてのゴータマの時代から約千年近く隔たっているので、その内容をどこまで歴史的事実として信頼しうるかということは、大きな疑問である。

それ以前の仏伝として、もっともまとまったかたちのものは、仏教詩人アシヴァゴーシャ(馬鳴、西紀二世紀)の著わしたブッダチャリタ(漢訳で『仏所行讃』)であるが、これもゴータマの時代から、かなり隔たった時代につくられたものであり、その歴史的信憑性については、大きな問題が残されている。

さらにそれ以前の仏伝としては、仏教特有のサンスクリットで書かれた『マハーヴァストゥ』『ラリタヴィスタラ』や、漢訳の『普曜経』八巻、『方広大荘厳経』十二巻、『過去現在因果経』四巻、『仏本行集経』六十巻、『衆許摩訶帝経』十三巻、『仏本行経』七巻、『中本起経』二巻などがあるが、その内容にはあまりにも神話的伝説的なことが多く、釈尊が極度に超人化・神格化されているので、どこまでが事実であるか、読者は呆然としてしまう。まるで妖怪談を読むようなものである。

経典の記述のなかに仏伝の反映を読みとろうとする学者もある。パーリ文『大本経』およびその相当漢訳には過去七仏の思想が現われ、ヴィパッシン仏の伝記は詳細を極め、後代、釈尊の伝説に非常に類似している。

そこで釈尊に関する伝説がヴィパッシン仏の伝説に影響を及ぼしたと考えるのは、十分に理由のあることである。しかしその逆も論理的には可能である。つまり過去七仏に関する仏説が成立し、それが仏伝に影響を及ぼしたことも無きにしも非ずである。またどこまでが歴史的事実であって、どこからが空想であるかやはり判然としない。

それでは神話的な釈尊ではなくて、歴史的人物としてのゴータマ・ブッダのすがたをいかにして知りうるか。歴史的人物としてのゴータマ・ブッダの生涯を事実として明らかにすることは、右のもろもろの仏伝作者の欲せざるところであり、あるいは歴史的人物としてのゴータマ自身も欲せざることであるかもしれない。しかし、事実と想像とを峻別すべく要請され、その要請にもとづいてのみ生活している現代のわれわれとしては、いやでもおうでもまず踏まねばならぬ手続である。

ところで神話的な釈尊ではなくて、歴史的人物としてのゴータマの生涯をわれわれはいかにして明らかにすることができるか？

（一）　まず第一にとりあげるべきものは、近代の学問の原典批判的方法である。われわれは宗教聖典といえども歴史的所産であることを承認し、それが思想の発展にもとづいて成立したものであると考えるならば、われわれはまず後代の典籍よりも古い典籍によらねばならぬ。また古い典籍のうちでも最古の部分にもとづかねばならぬ。こう考えてみると、前にあげたもろもろの仏伝よりも、原始仏教聖典のうちの経典（スッタ）でパーリ語で書かれたもの（およびその相当漢訳）をとりあげねばならぬ。また原始仏教聖典のうちでもっとも古い『スッタニパータ』の終り二章ならびに多くの韻文（ガーター）はとくに重要視すべきである。ともかく今まで原典批判は相当に研究が進歩し、ことにこの点では日本の学界は世界でももっとも進歩しているのであるから、その方法ないし成果を採用せねばならぬ。

（二）聖典のうち右の古い部分にはわりあいに神話的要素や、釈尊の超人化・神格化は少ないけれども、しかし絶無ではない。なおかなり存する。文献にもとづくかぎり、神話的ならざる釈尊というものはえられない。そこでそれをくぐりぬけて歴史的人物に到達するためには、確実な証拠、すなわち、考古学的な資料にたよらねばならぬ。また仏跡を実際に踏査した知識を生かすならば、かなりの程度にまで歴史性に達しうるであろう。文献の記述がそのまま信頼できないインドにおいては、この手続はとくに重要である。

（三）ゴータマ・ブッダ以前の時代、あるいは同時にインドでは多くの文献がつくられていた。具体的にいうと、ヴェーダ聖典（ウパニシャッドを含む）はほぼ仏教以前に成立したものである。ジャイナ教聖典、叙事詩マハーバーラタや諸法典などは、現形の成立はかなり新しいけれども、その内容にはきわめて古い要素を含んでいる。これらの典籍と一般の仏典とを比べると、あまりにも相違が著しいが、しかし仏典の最古層とジャイナ教聖典や叙事詩の最古層あるいは古ウパニシャッドを対比すると、今度は反対に、あまりにも類似の著しいのに驚いてしまう。それらはただちに接続してしまい、ほとんど区別がないといっても過言ではない。この事実は従来ほとんど学界で問題とされていないが、しかし重要である。ところでそのほとんど区別のつかぬ仏教外の諸資料を最古の仏典と比較して、しかもそこに何らかの区別ないし相違を見出しうるならば、それこそまさに人間としての釈尊の有する歴史的意義を明らかにしうるのではなかろうか。

このような方法を適用するならば、たとい歴史的人物としてのゴータマ・ブッダその人を伝えることができないとしても、現在において可能なかぎり、それに近いものを伝えることができるのではなかろうか。

そもそも歴史的人物をあるがままに伝えるなどということは、近代においても不可能である。かならずや伝える人の主観的な評価・批判が加わっている。ましてほぼ二千五百年前といわれる歴史的宗教的偉人に関してはなおさらである。今はただ右のような配慮のもとに考察を進めたい。

うえに記したように仏伝と見なされうるものは、ゴータマ・ブッダの時代よりもはるか後代になって成立した。経典の古い層のうちに仏伝と見なされるものは存在しない。ただ釈尊の生涯に関することが、断片的に言及されているだけである。直後の仏弟子たちは釈尊の生涯を問題としなかった。

これを試みにキリスト教の場合と比較してみると、顕著である。キリスト教の聖典である『新約聖書』はけっきょくキリストの生涯を述べているものではないか。これについてドイツの仏教学者オルデンベルヒはいう、「新約聖書の受難の生涯に比較しうるような事件は、ブッダの生涯および死には存在しなかった。完成せる人（如来）にとってはじつに生起は存せず、苦ももはや存在しなかった。」たしかに彼の生涯には個人的な怨恨にもとづく迫害（たとえばデーヴァダッタ）はあったであろうが、政治的権力にもとづく迫害圧迫は存しなかった。

彼の一生は外面的には平穏そのものであった。したがって受難ということが大きな意味をもたぬのであるが、しかしそれよりも以上に重要なのはインド人一般ないし仏教徒の思惟方法であろう。インド人は一般に個別的な事象よりも普遍的な理法を重んずるが、仏教徒も永遠に普遍的意義ある法（ダルマ）の意義を強調したために、歴史的人物としてのゴータマの個別的な事跡は、神話的な象徴と空想の背後に隠されてしまったのである。

第一章　誕生

一　歴史的背景

仏教の開祖をブッダ（Buddha）と呼ぶことは、すでに古くインドで行なわれていたし、また南アジアおよび西洋諸国でもあまねく行なわれている。シナでは古い時代に「仏《ぶつ》」という字で音写し、のちには「仏陀《ぶつだ》」という字を当てたので、それが日本にも受け継がれてきたのである。ただ「ブッダ」とは「覚者」「真理を悟った人」という意味である。チベット人はこの語を Saṅs-rgyas と訳すが、それは「浄められ、発展せる人」という意味である。

いずれにせよ、仏教の理想的存在を示す普通名詞であって、固有名詞ではない。仏教では仏は幾人あってもかまわない。無数に考えられるからである。

そこで仏教の開祖個人をいうときには、ゴータマ・ブッダ（Gotama Buddha）という名が使われる。古い仏典のうちに見られるし、また西洋の学者も多くこの呼び名を用いている。ゴータマとは、彼の属していた姓をいう。

日本では俗に「お釈迦《しゃか》さま」といい、「釈迦」ともいう。しかし釈迦とは仏教の開祖が生まれ出た種族の名である。だから釈迦族出身の聖者という意味で、「釈尊《しゃくそん》」と呼ぶことは、固有名詞としても適当であろう。

ゴータマ・ブッダがシャカ族に生まれたことは古い仏典に記されているし、またピプラーワー骨壺の銘文からみても間違いない。シャカ族とは厳密にいえば彼の属していた種族の名なのである。釈尊は「シャカ族の子」と呼ばれていることがあるが、それは「シャカ族の出身者」という意味である。それはちょうどジャイナ教の開祖マハーヴィーラがナータ族の出身者であるので、「ナータ族の子」と呼ばれているのと同じ道理である。シャカの原語 Sakya は「力ある者」という意味であり、おそらくその地方では有力であったのであろう。

漢訳仏典で「釈迦」と書かれているのを、かな書きで「シャカ」と書くのは、いかにも卑俗化したという印象を与えるかもしれないが、さほど不当ではないと思う。パーリ語では

「釈迦」の原語としてSakkaが用いられていることがあるが、これは「サッカ」と読む。ところでベンガル人などインド人の一部の人はSの発音ができないで「シ」と発音するから、右の語を「シャッカ」と発音する。だから「シャカ」と音写してもさほどおかしくない。ことに西北または中インドの銘文では「釈迦《しゃか》牟《む》尼《に》」の「釈迦」をŚakaまたはSakaと音写したものがある。他方「釈迦」という文字を用いることも、学問的にけっして十全ではない。そのわけは、西暦紀元前一、二世紀ごろに中央アジアから西北インドに侵入したサカSaka族（塞種）のことをサンスクリットではŚakaと音写し、それを漢訳『雑阿含経』（第二十五巻）では、「釈迦」と書いている。インドで広く用いられたシャカ暦はこれに由来している。つまり「釈迦」という漢字がまったく異なった二つの種族を意味しうるのである。だから漢字を用いて書くことが学問的であるとはけっしていいえないのであるから、われわれは祖先の発見した、かな文字によったほうがよいのではなかろうか。

　またシャカ族出身の聖者という意味でシャカムニ（釈迦牟尼）とも呼ぶ。「釈尊」というのはこれの略称である。この呼称は原始仏教聖典の古い層には稀にしか現われていない。しかし彼が実際にシャカ族の出身であったことは、考古学的な遺品の銘文についても確かめられる。

そうしておそらく仏教の最初期から、釈尊は「イクシュヴァーク王の後裔」であると考えられていた。イクシュヴァークは、インド最古の宗教聖典リグ・ヴェーダ以来、ヴェーダ聖典においては国王または英雄の名とされている。漢訳仏典ではしばしば「甘蔗王《かんしょおう》」と訳されるが、イクシュがサンスクリットで甘蔗を意味するので、それに由来した通俗語源解釈である。イクシュヴァーク家はもとはプール族の王家であったと学者は推定している。もとはインダス川上流またはガンジス川上流の王家であったにちがいないが、後代の叙事詩ラーマーヤナおよびプラーナ聖典においては、コーサラ国、とくにアヨーディヤー市の支配者であった王朝——それは太陽の子孫であると称していた——の祖先がイクシュヴァークであったということになっている。プラーナ聖典においては釈尊と同時代にコーサラ国の王であったパセーナジ王もイクシュヴァークの子孫であるとして、彼にいたるまでの諸王の系譜をあげている。ジャイナ教の聖典にも、イクシュヴァーク王は往昔の聖王としてしばしば現われている。

シャカ族は人種的には何人種に属していたか、よくわからない。かつてイギリスの歴史学者ヴィンセント・スミスが、「釈尊は生まれは蒙古人であったらしい、すなわち蒙古人の特徴をそなえチベット人に似たグールカのような山岳民であったらしい」といったので、西洋の学者に衝撃を与え、あるいは嘲笑を買ったことがあった。しかしシャカ族がネパール人であったならば、アーリヤ人とは異なった人種であったとも考えられる。ネパール人に会うたびにふしぎに思われるのは、彼らの容貌がわれわれ日本人と非常によく似ていて、一般インド人とは異なることである。日本人の起原はよくわからないが、日本語がウラル・アルタイ語族に近いことは学者の認めるところである。他方ネパール人の語るパハーリー語はインド・アーリヤ人の言語の影響をたぶんに受けているが、もとはチベット・ビルマ語族に属する。日本人・朝鮮人・蒙古人・チベット人・ネパール人・ビルマ人などは、けっして同一種族ではないけれども、何らかの人種的類似性の存することは否定できないであろう。もしもそうだとすると、日本人とも多少人種的につながりができておもしろいことになる。

だからシャカ族の人種に関してはなお疑問の余地があるが、しかしその系譜に関してアーリヤ人の神話的伝承を受けているから、文化的にはたぶんにインド的であったにちがいない。そうして系譜に関する神話がその民族の成立と密接な関係があるとすると、シャカ族は一般ネパール人とは異なって、アーリヤ人であったのではないか、とも考えられる。もしもこの想定が正しいとすると、釈尊はインド人であったとする一般通俗の扱いも正当であるということになる。

とくにインドからネパールにかけて人類学的調査に従事されたことのあるアメリカの人類学者ボールズ博士によると、タラーイ盆地の住民はだいたいアーリヤ人、人類学的にいうと地中海型であって、蒙古人型の人種はそのあたりではとびとびに散在しているだけであるとのことである。しからば約二千数百年前にもそれとあい似た事情にあったことも可能である。シャカ族はヒマーラヤ山の麓、ネパールに住んでいて、昔からコーサラ国王に従属した状態にあった。釈尊の語として古い詩句にも、

「雪山の中腹に正直な一つの民族がいます。昔からコーサラ国の住民であり、富と勇気をそなえています。」（『スッタニパータ』四二二）

という。おそらくコーサラ国（ほぼ今日の Oudh）に従属し、朝貢していたのであろうけれども、コーサラ本国の住民とは実質的には異なった民族であったのかもしれない。後にシャカ族は巨大なコーサラ国のために滅ぼされてしまうという悲しい運命が待ち受けていたのである。

当時はおそらく人民が勤勉であったために、豊かな生活環境をつくり出していたのであろう。後代の玄奘《げんじょう》は『大唐西域記』のなかで、カピラヴァストゥ国について「土地はやや（肥）

沃で、稼穡《かしょく》は（適した）時に播《ま》く。気序（四季の運行）は愆《あやま》つことなく、（住民の）風俗は和暢《わちょう》なり。」といい、その周囲は四千余里（日本の里程では四百六十里余り）あったと記している。中世にはかなり荒廃に帰したが、前世紀からしだいに生産が高まったといわれている。

彼らが前掲の詩句で「富んでいる」というのはおそらく事実であったのであろう。この地方は今日でも、稲作を行なっているが、当時すでに水田耕作の状態に達していた。釈尊の父王の名が「浄い米飯」と称する点からも明らかである。そのほかに、この地方はガンジス川平原の諸国と山地とを媒介するのにつごうのよい土地であり、確かに商業的利点があずかって力があったにちがいない。

このシャカ族は一種の共和政治を実施していた。彼らの首都カピラヴァットゥには公会堂があった。たまたま一人のバラモンがそこに至ったところ、そこでは数多のシャカ族の諸王と諸王子とが高い座に坐してめいめいくすぐり、笑いさざめき、たわむれていたので、そのバラモンは自分を嘲笑したのだと解したという話が、仏典に伝えられている。この「公会堂」というのは、王室の会議にはけっして用いられることのない名称である。だからシャカ族は共和制を実施していたのであり、その精神的雰囲気のなかから仏教が出てきたのである。

ゴータマ・ブッダは古い詩句においては、しばしば「太陽氏族」の一人と呼ばれているが、漢訳仏典では「日種」と訳されている。それは彼の氏姓なのである。つまりシャカ族のなかでの一つの氏姓なのである。ただ特定の王家が太陽の子孫であるという神話はインドだけのものではない。日本の皇室の祖先に関する神話（天照大神）もそうであるし、アメリカ・インディアンも同様の神話をもっていた。そうした日本人が皇室の起原に関する太陽神話を誇っていたように、インドの仏教徒もシャカ族が太陽の子孫であることをおそらく誇っていたであろう。ちなみに人類が太陽の子孫であるという神話はインドの叙事詩にも説かれている。

シャカ族の王が太陽の裔であり、イクシュヴァーク王の子孫であるという仏典の記述は、じつはインド一般のこういう伝承にもとづいているのであり、シャカ族はコーサラ国に従属していたにもかかわらず、コーサラ国王と同じ系譜を要求していたのであり、系譜に関しては同等の権威を標榜していたのである。

これに対して家の名に相当する姓の名はゴータマであった。ある場合には氏姓がゴータマであったともいう。「ゴータマ」とは「もっともすぐれたウシ」「最良のウシ」という意味である。ウシをとくに尊重する思想はヴェーダ聖典のなかに現われているし、さらにさかのぼるとインダス文明のなかにも認められる。この思想にもとづいてゴータマまたはガウタマという仙人の名がヴェーダ聖典のなかに伝えられているし、またジャイナ教の開祖マハーヴィーラもゴータマという人に向かってしばしば教えを説いている。だからゴータマという姓も、じつはインド一般のものを受けているのである。

釈尊の父をスッドーダナという。それは「浄い米飯」という意味であるから、漢訳仏典では「浄飯王《じょうぼんのう》」と訳している。

スッドーダナは後の経典では王と呼ばれているが、大王と呼ばれることがない。その地方の支配者であったにちがいないが、大国の王と呼ばれうるほどのものではなかった。「浄飯大王」と呼ぶようになったのは、後世の理想化にもとづく。彼は選ばれた支配者にすぎず、シャカ族は共和制を行なっていたという見解も一部の学者の間に行なわれているが、なお研究を要する。

また母の名をマーヤーという。両親の名はかなり古い仏典に出ているので、まず確かであろう。マーヤー夫人は釈尊を母胎の中に守り、死後は天の世楽に喜び楽しむともいわれている。後の経典ではマーヤー夫人は王妃と呼ばれている。

釈尊の個人名は、シッダッタ（悉達、悉達多、悉多太子）であったと一般に伝えられているが、それは「目的を達成せる」「義を成ぜる」という意味である。ただこの名は原始聖典には現われてこないので、後代の人の仮託ではないかという疑いをもたれるわけであるが、しかしそれと異なった他の名も伝えられていないので、右の伝説を否認する積極的な資料にも乏しい。

彼の家は王族であったから、彼は「種姓に関してはクシャトリヤ（王族）であり、クシャトリヤの家に生まれた」ともいわれる（王族の出身であったということは、ジャイナ教の開祖マハーヴィーラの場合でも同様である）。のみならずやや後代の経典ではゴータマの家系のすぐれていることを強調する。

「じつに修行者ゴータマは、母の系統に関しても父の系統に関しても生まれ正しく、血統が純粋であり、七世の祖父までさかのぼるも、これよりはずれず、血統に関しては他から非難されることがない。」（ON. I. p. 115）

その首都はカピラヴァットゥという町であったと称している。もう当時は都市も現われていたのに、都市とはいわないのであるから、おそらく大きな町ではなかったのであろう。ただ仏教が盛んになるとともに、釈尊の故郷の町として、注意されるにいたったらしい。そうして遅く成立した経典では「都市」「首都」と呼ばれるようになった。その場所は玄奘《げんじよう》三蔵の『大唐西域記』などの記述をもとにして現在ネパールのタラーイ地方の Tilaurâ Kôt に比定されている。後世（七世紀）に玄奘三蔵がこの地に訪れたときには、その「王城」つまり都市はすっかり荒廃に帰していて、広さも識別しえぬほどであったが、そのなかの「宮城」は周囲が十四、五里（日本の里程なら約一・四里）あり、煉瓦から造られていたという。ただしそれがゴータマ・ブッダの時代のものであるかどうかは、おおいに疑問である。

二　誕生――時と所

釈尊の誕生の土地は周知のごとくルンビニー園として知られているが、古い詩には、「シャカ族の村、ルンビニーの地方において」と記されている。これは歴史的な事実にちがいない。何となれば、アショーカ王の碑文がこの土地において発見されたからである。すなわち Basti 地方の Dulha の東北八キロメートル、ネパールの国境に近いところに、パダリヤという村があり、そこにルンミンデイという寺院がある。そこを発掘したところ一つの石柱が見

つかり、それはアショーカ王の建てたものであることが判明した。その碑文には、

「神々に愛せられ温容ある王（アショーカ）は、即位灌頂の後二十年をへて、みずからここにきて祭りを行なった。ここでブッダ・シャカムニは生まれたもうたからである。そうして石柵をつくり、石柵を建てさせた。世尊はここで生まれたもうた（のを記念するためである）。ルンミニ村は税金を免除せられ、また（生産の）八分の一のみを払うものとされる。」

と記されている。

経典のやや遅い層ではこのルンビニーへの巡礼が勧められ、またアショーカ王伝説によると、高僧ウパグプタに勧められて、彼もこの地に巡拝したと伝えられている。玄奘三蔵がこの地に巡拝したときには、石柱の上にウマの像が載せてあったという。そうしてルンビニーへの巡礼は今日なお盛んに行なわれている。ネパール政府はルンビニーへの巡礼者に限って査証なしに入国することを許している。

ともかくルンビニーに関する事がらが発掘遺品および碑文によっても確かめられるのであ

るから、すくなくとも古い詩句に出てくる他の事がらも同様に事実であったろう。

ところで釈尊の誕生はいつのことであったか、ということが問題となる。セイロン（スリランカ）、インド、ビルマ（ミャンマー）、タイ、ラオス、カンボジアなど南方アジアの諸国では、一九五六年から一九五七年にかけて釈尊の二千五百年の記念式典を盛大に行なったが、それは南方仏教の伝説に従ったのである。すなわち釈尊の入滅は西紀前五四四年であると考えているので、一九五六年から一九五七年がちょうど入滅後二千五百年めに相当するのである。釈尊が八十歳まで生存していたというもろもろの一致した伝説を採用するならば、釈尊の誕生は西紀前六二四年であったということになる。

世界じゅうの仏教徒が一つの約束として、この年代を採用することはいっこうにさしつかえないが、学問的には、おおいに疑問の余地がある。まずこの伝説は西紀十一世紀の中葉よりも以前にはさかのぼることができない。またセイロンには西紀前四八三年を釈尊の入滅年時とする伝説が古く行なわれていた。

そこでもろもろの学者は、種々の資料を検討することによって、仏滅年代を五四四年、四八四年、四八三年、四八二年、四七八年、四七七年など種々の学説を提示している。先年高楠順次郎博士がサンガバドラがシナに伝えた衆聖点記《しゅしょうてんき》の説にもとづいて、釈尊の誕生を西紀前五六六年、入滅を西紀前四八六年と定めたのも、やはり南方の伝説に由来している。

　しかし南方の伝説には種々の難点が存するので、北方のもろもろの伝説を比較検討して、釈尊の入滅を三八八年、三八〇年、三七〇年、三六八年などと、算定するもろもろの学者も現われた。宇井伯寿博士は、その後精密な検討によって、誕生を西紀前四六六年、入滅を三八六年と算定された。その基準となったものはアショーカ王の年代であるが、その後の研究によってアショーカ王の年代がすこし動くことになったので、筆者は、宇井博士の論拠を継承すると、誕生は西紀前四六三年、入滅は三八三年ということになると考える。

　ともかく学者によって約百年の差違があるわけであるが、しかしインドの古代史の年代について僅かに百年の差しかないということは、年代の不明な古代インドとしては驚くべきことである。これは個人としてのゴータマ・ブッダの歴史性がほぼ確定したものとして、諸学者に承認されていることを意味している。

　釈尊の誕生日に関しては、二月八日だという説も経典のなかに出ているし、またインドではヴィシャーカ月の後半八日あるいは後半十五日と解する説の行なわれていたことを玄奘が伝えている。しかし『太子瑞応本起経』上、『仏所行讃』第一などでは誕生日を四月八日と記しているので、日本ではこれに従っているのである。おそらく、ヴィシャーカ月を漢訳者が四月と訳したのであろう。またヴィシャーカ月はインドの暦では第二の月にあたるので、二月八日と訳した場合もあると考えられる。ともかくいずれにしても後代の伝説に由来する。

三　誕生に関する古い伝説

釈尊はトゥシタ（都率）天から下ってマーヤー夫人の胎内にはいったという伝説が後に成立したが、すでにもっとも古い経典のなかに言及されている。

「尊者サーリプッタはいった。——
私はいまだ見たこともなく、また、誰にも聞いたこともない。——かくのごとく、言葉美わしく衆の主なる師が、トゥシタ天からきたりたもうたことを。」

下ってくる釈尊はボーディサッタ（菩薩、「悟りを求める人」の意）と呼ばれ、また六牙の象に乗っておりてきたとされている。

『スッタニパータ』のなかの「ナーラカ経」では釈尊の誕生のさいにアシタという仙人が、彼の将来について予言をしたことが記されている。

「歓喜を生じ楽しんでいて清らかな衣をまとう三十人の神々の群れ（三十三人の神々の群れ）が、衣をとって恭しく帝釈天をきわめて讃嘆するのを、アシタ仙は日中の休息に見た。」

日中の休息とは、食後における日中の休息で、多くは坐禅を行なう。

「心喜び踊躍せる神々を見て、ここに仙人は恭しくこのことを問うた。――『神々の群れがきわめて満悦しているのはなぜですか？　何によって、彼らは、衣をとってそれを振り回しているのですか？

たとい阿修羅との戦いがあって、神々が勝ち阿修羅が敗けたとしても、そのように身の毛のふるい立つほど喜ぶことはありません。どんな稀な出来事を見て神々は喜んでいるのですか？

彼らは叫び、歌い、楽を奏で、手を打ち、踊っています。私は、須弥山の頂に住まわれるあなたがたにお尋ねします。釈尊よ、私の疑いを速やかに除いてください。』

これに対して神々は答えていった。

『無比の妙宝であるかのボーディサッタ（未来の仏、菩薩）は、もろひとの利益安楽のために人間世界に生まれたもうたのです——シャカ族の村に、ルンビニーの聚落に。だからわれわれは満足し、非常に満悦しているのです。

一切衆生の最上者、最高の人、雄ウシのような人、生きとし生けるもののうちの最上者は、やがて仙人（の集まる所）という名の林で（法）輪を転ずるであろう。——猛きシシが百獣にうち勝って吼えるように。』

仙人は（神々の）その声を聞いて急いで（人間世界に）おりてきた。そのとき浄飯王の宮殿に近づいて、そこに坐して、シャカ族に次のようにいった。——

『王子はどこにいますか。私もまたお目にかかりたい。』

かくてもろもろのシャカ族は鎔炉で巧みな金工が鍛えた黄金のようにきらめき、幸福に光り輝く尊い顔の子を、アシタという（仙人）に見せた。

火炎のごとく光り輝き、空《そら》行く星王（月）のように清らかで、雲を離れて照る秋の太陽のように輝く子を見て、歓喜を生じ、大いなる喜びをえた。

神々は、多くの骨あり、千の円輪ある傘蓋《さんがい》を空中にかざした。黄金の柄のある払子《ほっす》を上下に煽いだ。しかし、払子や傘蓋を手にとっている者は見えなかった。

カンハシリという結髪の仙人は、頭上に白傘をかざされて赤色がかった毛布の中にいる黄金の飾り具のような子をば、心喜び楽しんで抱きとった。

相好と神呪（ヴェーダ）に通暁せる彼は、シャカ族の雄ウシのような（りっぱな子）を抱きとって、（特相を）調べたが、心に歓喜して声をあげた。――

『これは無上の人です。人間の最上者です。』

ときに、仙人は自分の行く末を思うて、ふさぎこみ、涙を流した。仙人が泣くのを見て、シャカ族はいった。――

『われらの王子に障りがあるのでしょうか？』

シャカ族が憂えているのを見て仙人はいった。――

『私は王子に不吉の相があるのを思うているのではありません。また彼に障りはないでしょう。この人は凡庸ではありません。注意してあげてください。

この王子は正覚の頂に達するでしょう。

この人は最上の清浄を見、多くの人々の利益を図り、あわれむがゆえに、法輪を転ずるでしょう。彼の清浄行はひろく広まるでしょう。

ところがこの世における私の余命は長くありません。

中途で私に死が訪れることでしょう。

私は無比の力ある人の教法を聞かないでしょう。

それゆえに、私は怨み悲嘆し、苦しんでいるのです。』と。

かの清浄行者（アシタ仙人）はシャカ族に大きな喜びを起こさせて、宮廷から去っていった。

彼は自分の甥（ナーラカ）をあわれんで、無比の力ある人（仏）の教法に従うようにすすめた。——

『もしも汝が後に〈仏あり、正覚を成じて、法の道を歩む〉という声を聞くならば、そのときそこへいって彼の教えを尋ね、その世尊のもとで清浄行を行ぜよ。』と。

人のためを図る心あり、未来における最上の清浄を予見したその聖者に教えられて、もろもろの善根を積んだナーラカは、勝者（仏）を待望しつつ、みずからの感官をつつしんで住んでいた。

すぐれた勝者が法輪を転じたもうとの噂を聞き、アシタという（仙人）の教えの実現したときに、ゆいて最上の人なる仙人（仏）を見て喜び、最上の聖き行いをいみじき聖者に尋ねた。」

以上で「序文の詩句は終わった」と記し、次にナーラカが世尊に次のように呼びかける。

「アシタの告げたこの言葉を、如実に了解しました。ゆえに、ゴータマよ、いっさいの事がらの通達者（世尊）であるあなたにお尋ねします。

私は出家の身となり、托鉢の行を修そうと願っているのですが、お尋ねします。聖者よ、聖き行い、最上の道を説いてください。」

これに対して釈尊が聖き行いを説き明かす。

右の序文の詩句は漢訳もないし、他の仏典のうちにも言及引用されていないから、『スッタニパータ』のなかでは新しい詩句である。しかし、散文で書かれた聖典より古いかたちを示している。これは後代の仏伝におけるこの伝説の原型あるいは先駆たるものである。このアシタの話にはかなり神話的な付加があるが、しかし後世の仏伝ほどに極端に馳せてはいない。

なお後世の仏伝によると、母マーヤー夫人は産後七日たってから亡くなった、ということになっているが、経典のうちには何も記されていない。しかし、わざわざ特殊なこういう伝説が伝えられたのであるから、産後まもなく亡くなったということはおそらく事実であったのであろう。

第二章　若き日

一　若き日の悩み

釈尊の幼時のことは、誇張が少なくて比較的に古い伝説を伝えていると思われる仏伝のうちには、ほとんど説かれていない。総じて四ニカーヤおよび律蔵には出家前についてはほとんど何も記していない。若き王子をいろどる華やかな種々の物語は後代の発達し増広された仏伝のなかに詳しく出てくるのである。

釈尊誕生の後、七日で母マーヤー夫人は亡くなり、その後は母の妹であるマハーパジャーパティーに養育されたということが、後の仏伝に伝えられている。つまり浄飯王はマハーパジャーパティーを後妻に迎えたのであり、彼女にはナンダという男子が生まれたという。これは釈尊にとっては異母弟にあたるわけである。これらのことは古い経典には説かれていないが、非常に特徴的な事実であるし、また諸書の伝えに矛盾もないから、おそらく事実であったのであろう。

ゴータマ・ブッダは当時の王族の教養として必要な、あらゆる学問・技芸を習ったが、非凡の才を発揮したということが、やはり後代の仏伝のなかに記されている。これもおそらく事実であったのであろう。ただ個々の伝説は後代の仏典では非常に誇張して語られている。

彼は政治的な地位と物質的な享楽という点では恵まれていた。それは彼の出身を考えるならば、とりたてていわなくてもわかっていることである。しかし、彼はそれに満足することができなかった。彼は少年時代から、人生の問題に深く思い悩んだ。それには彼の天性もあずかって力があったであろう。また母なき寂しさの憂鬱のためもあったであろう。

彼は後年サーヴァッティー国の「孤独者に給した人の園」にあって、青年時のことを回想して、もろもろの修行僧に対して次のように述べたという。

「私は、いとも快く、無上に快く、きわめて快くあった。わが父の邸にはハス池が設けられてあった。そこには、ある所には青蓮華が植えられ、ある所には紅蓮華が植えられ、ある所には白蓮華が植えられてあったが、それらはただ私のために為されたのであった。私はカーシー（ベナレス）産のセンダン香以外はけっして用いなかった。私の被服はカーシー産のものであった。シャツはカーシー産のものであった。内衣はカーシー産のものであった。寒・暑、塵、草、露が私に触れることのないように、じつに私のために昼夜とも白い傘蓋《さんがい》が保たれていた。その私には、三つの宮殿があった。一つは冬のため、一つは夏のため、一つは雨期のためのものであった。それで私は雨期の四カ月は雨期に適した宮殿において女だけの伎楽にとり囲まれていて、けっして宮殿からおりたことはなかった。たとえば他の人々の邸では、奴僕・傭人・使用人には糖食に酸い粥を添えて与えるように、同様に私の父の邸では、奴僕・傭人・使用人には米と肉との飯が与えられた。

　私はこのように裕福で、このようにきわめて快くあったけれども、このような思いが起こった――無学なる凡夫は、みずから老いゆくもので、同様に老いるのを免れないのに、老衰した他人を見て、考えこんでは、悩み、恥じ、嫌悪している。我もまた老いゆくもので、老いるのを免れない。自分こそ老いゆくもので、同様に老いるのを免れないのに、老衰した他人を見ては、悩み、恥じ、嫌悪するであろう——このことは私にはふさわしくない、といって。私がこのように観察したとき、青年時における青年の意気はまったく消え失せてしまった。

無学な凡夫は、みずから病むもので、同様に病いを免れず、病んでいる他人を見て、考えこんでは、悩み、恥じ、嫌悪している。我もまた病むもので、病いを免れない。自分こそ病むもので、同様に病いを免れていないのに、病人である他人を見ては、悩み、恥じ、嫌悪するであろう——このことは私にはふさわしくない、といって。私がこのように観察したとき、健康時における健康の意気はまったく消え失せてしまった。

無学な凡夫は、みずから死ぬもので、同様に死を免れず、死んだ他人を見て、考えこんでは、悩み、恥じ、嫌悪している。我もまた死ぬもので、死を免れない。自分こそ死ぬもので、同様に死を免れないのに、他人が死んだのを見ては、悩み、恥じ、嫌悪するであろう——このことは私にはふさわしくない、といって。私がこのように観察したとき、生存時における生存の意気はまったく消え失せてしまった。」

右の回想はたぶんに事実に近いものであろうと思われる。最近世のインドでも大王（マハーラージャ）と呼ばれる豪族はあちこちに宮殿をもっている。そのなかで王者が椅子に腰かけていると、侍者が傘を持って、その上にかざしている。庭園の中にある美しいハス池は、今のインドでもあちこちに見られ、人はそこで浴《ゆあ》みすることを好む。ベナレスはゴータマ・ブッダの時代には上質の綿織物を産することで有名であり、ネパールの南部でもそれを用いていたのであろう。

そうしてゴータマ・ブッダが王者の地位を捨てて一介の修行者となったからには、かならずや、このような深刻な反省があったにちがいない。およそ迷っているわれわれ凡夫は、みずから老衰の運命を免れないのに、しかも他人の老衰したすがたを見ては嫌悪の情をいだく。しかし彼が感ずるこの嫌悪の気持は、やがて自分自身に向けられてくるのではないか。自分もまたこのように老い衰える運命を免れないのに、他人が老いさらばえたすがたを見て嫌悪の情をいだくことは、何というあさましいことだろう。病気や死についてもまた同様である。

この反省はなまなましい実感を伴っている。成長した人は誰でも自分がいつまでも若々しくあって老いないように、また健康であって病気にならないように、そうして結局は死なないようにと願っている。人間の生存に根ざしたこの希望はけっしてみたされない。

「ああ短いかな、人の生命よ。百歳に達せずして死す。たといこれ以上長く生きるとも、また老衰のために死す。」

彼は若いときには、もの思いにふけるたちであったらしい。彼は、後年に若いときを追想して、次のようにいったという。

「また私は、父なるサッカ（浄飯王）が勤めを行なっているときに、畦《あぜ》道のジャンブー樹の陰にすわって、欲望を離れ、不善の事がらを離れて、粗なる思慮あり微細な思慮ある、遠離から生じた喜楽である初禅を成就していたのをよく覚えている。――これがじつに悟りにいたる道であろう、と思って。」

総じてインドの修行者が行なうように、彼も樹陰にあって木の根もとで禅定を修することを好んでいたのであろう。

ここに初禅と呼んでいるのは、禅定の四つの段階としての四禅のうち最初のものである。四禅の体系は仏教でもやや遅れて成立したものであるが、それがここに適用されているのである。

人間の老・病・死に関する反省を説く前に引用した長い文章（パーリ文）に相当する漢訳ではそれよりも幾らか詳しくなっているが、そこではゴータマ・ブッダが自分の遊園に赴くために外出したときに世人のすがたを見て、人間の老と病とを反省するにいたったという。すなわち、前掲パーリ文の老・病・死に関する反省の文の前に、若き日のもの思いを追憶する、次の文が加わっている。


「我出でて園観に至らんと欲せしとき、三十名の乗りてが（最）上の乗り物を選び、鹵簿《ろぼ》の前後に侍従して導き引けり。いわんやまたその余《ほか》のものをや。我にこの如意足《にょいそく》あり、これはもっとも柔軟なりき。我また憶うに、昔時《そのかみ》、田を作る人が田の上に止息するを看たり。（そこで）閻浄樹《えんじょうじゅ》の下にいたり、結跏趺坐し、欲を離れ、悪・不善の法を離れ、覚あり観あり、離生喜楽にして初禅をえて、遊ぶことを成就せり。

我はこの念をなせり、多聞ならざる愚癡の凡夫は、みずから病法あれども、病を離れず。……」

かくして病と老とについて説くが、死には言及していない。ただし他の漢訳の相当文では老・病・死の三つについて説いている。ともかく漢訳では太子がかかる宮殿の往復の途中で、老・病など人間の苦しみを実際に見て反省を起こしたという記述が加わっている。すなわち老いさらばえた人を見ては生の苦悩を痛感し、病人や死人を見てはそぞろに無常の心を起こしたという。これが発展して、後世に図式化して四門出遊の伝説が成立したのである。

これに対して生の苦しみを加えて四苦とし、さらに八苦とするのは、後代の教義学的反省が加わってからあとのことである。

これと同じ反省がややおそい経典においては定型化して説かれている。

「私もまたかつて正覚《しょうがく》をえないボーディサッタ（悟りをうる前の仏）であったとき、みずから生まれるものでありながら、生まれる事がらを求め、みずから老いるものでありながら、老いる事がらを求め、みずから病むものでありながら、病む事がらを求め、みずから死ぬものでありながら、死ぬ事がらを求め、みずから憂えるものでありながら、憂える事がらを求め、みずから汚れたものでありながら、汚れた事がらを求めていた。そのとき私はこのように思うた。――何がゆえに私は生まれるものでありながら、生まれる事がらを求め、みずから老いるもの、病むもの、死ぬもの、憂うるもの、汚れたものでありながら、老いる事がら、病む事がら、死ぬ事がら、憂うる事がら、汚れた事がらを求めるのであるか？　さあ、私はみずから生まれるものではあるけれども、生まれる事がらのうちに患いのあるのを知り、不生・無上なる安穏であるニルヴァーナを求めよう。私はみずから老い、病み、死に、憂い、汚れたものではあるけれども、それらの事がらのうちに患いのあるのを知り、不老・不病・不死・不憂・不汚である、無上の安穏・ニルヴァーナを求めよう。」と。

四門出遊の話はパーリ語経典（四ニカーヤ）のなかには見あたらない。ただ過去の仏であるヴィパッシン仏の物語を叙するところで、この仏がいまだ出家しない前に王子であったときに、車に乗って宮殿から外に出て遊園に赴く途中で、老いた人、病んだ人、死んだ人を見て、深刻な反省を起こして、御者と対談したということが伝えられている。これと同じような筋が仏伝にも取り入れられている。

しかし後世にはこれが定型化して四門出遊の伝説となった。それによると、太子は王城の四つの門から出遊して老者・病者・死者および修行者に会い、また虫や鳥がたがいに食い合うのを見て、世の中が悲惨で頼りないことを痛感し、やがて出家する基となったというのである。

後代の仏伝には、彼の若き日の武勇譚も伝えられているが、古い経典のうちには伝えられていない。おそらくシャカ族はあまり武備を修めていなかったし、また彼自身も武術はあまり実修していなかったのであろう。彼に関する武勇譚は後世になってから、彼の偉大性をたたえるために空想されたものであろうと考えられる。

二　結婚

ゴータマの結婚したことは事実であったにちがいない。それはすべての仏伝の伝えるところであり、またその妃が男子ラーフラを産んだことも、すべて仏伝の伝えるところである。ただ妃の名は、南方聖典には伝えられていないといってよいほどであり、北方の聖典には種々さまざまな名で伝えられているが、ヤショーダラーという名がわりあいに知られている。すなわち南方聖典では、はるか後世の「因縁譚」でも、ただ「ラーフラの母」というだけでその名をあげていない。ただ『ブッダヴァンサ』のなかに妃の名をバッダカッチャーとしているので、オルデンベルヒはそれが正妃の名であったにちがいないという。しかし、それはきわめておそい聖典のなかの記述であるから、はなはだ疑わしい。『ラリタヴィスタラ』では妃の名をゴーパーまたはヤショーヴァティーと呼び、『マハーヴァストゥ』および『仏所行讃《ぶっしょぎょうさん》』ではヤショーダラーと呼んでいる。その名がはっきり伝えられていないところからみると、おそらく妃は典型的な淑《しと》やかなインド貴婦人で、夫に対して従順であったために、表面に現われるほどゴータマの一生に衝撃的な影響は与えなかったのであろう。たとえば妃が悪性の婦人であったとか、淫乱の人であって、それがゴータマの出家の原因となったのであるならば、早くから聖典のなかに個人名がはっきり伝えられていたにちがいない。ちょうどデーヴァダッタのように。ところが彼女の存在はめだたなかったために、聖典作者は彼女の名を忘れてしまった。そうして後代の仏伝作者たちが、彼女のことも何か書かねばならぬと思ったときに、めいめい妃の名をかってに捏造したのである。われわれはこの事実のうちに、一つのネパール的あるいはインド的な婦人の類型の特徴を見出すことができると思う。

彼が結婚したときは、南方の伝説によると十六歳であった。彼の恋愛物語というようなことは古い経典には何も伝えられていない。総じて他の国々にも見られるように、自由な恋愛は放恣なこととして身分ある人々の間では禁遏《きんあつ》されていた社会的事情にもとづくのであろう。彼の子ラーフラはゴータマにとって恩愛の絆《きずな》であり束縛になったと伝えられ、またそれは当然のことであるが、一つにはラーフラという名が後の仏教徒にラーフという悪魔を連想させたこともあろう。この悪魔は古代インドでは太陽と月を呑みこむものだと考えられていた。

三　家を去る

新たに妃を迎えた喜びもゴータマ・ブッダの憂鬱を消し去ることはできなかった。愛児に対する愛情も彼を永久に世俗の人としてとどめることはできなかった。彼が二十九歳に達したとき、真理を求め人生の問題を解決しようとの念やみ難く、ついに彼は王城を出て出家した。

「ビクらよ、私はじつに（道を求める心を起こして）後に、まだ若い青年であって漆黒の髪あり、楽しい青春にみちていたけれども、人生の春に、父母が欲せず顔に涙を浮かべて泣いていたのに、髪と鬚を剃りおろして、袈裟衣をつけて、家を出て出家行者となった。」

この告白は非常に実感が出ているが、他の経典では、あるバラモンの語として、修行者ゴータマについて右とほぼ同じことをいい、さらに「修行者ゴータマは多くの親族の群れを捨てて出家した。修行者ゴータマはじつに地中に埋もれあるいは地上にある多くの金塊を捨てて出家した。……修行者ゴータマはじつに高貴なクシャトリヤ（王族）の家から出家した。修行者ゴータマはじつにおおいに財産ありおおいに富裕な繁栄せる家から出家した。」という。この文句はどうもきまり文句を並べたような感じはするが、やはり事実ではあったのであろう。

ときには家からの出離（踰城）と出家修行者となることとが区別して説かれ、別の項目とされている。別の項目とされている以上、経典がつくられた時代にもう、愛馬カンタカと別れを惜しむ伝説などもすでにつくられていたのかもしれない。

後代の経典によると、愛馬カンタカは死後に前世を思い起こして、次のように語ったという。

「私はシャカ族の首都であるカピラヴァットゥで浄飯王の王子と同時に生まれたカンタカでした。

かの王子が夜半悟りを求めて城から出ていったときに、彼は柔らかい手と光彩ある爪でわが脚を打って、

『さあ、私を連れていってくれ。私は最上の悟りに達して世を救おう。』といいました。

その言葉を聞いたとき、私の喜びは大きかったのです。私は躍り上がって喜んで願いました。

偉大な名声のある釈子が私に跨がったのを知って、躍り上がって喜んで、人間のうちの最上の人（釈尊）を運びました。太陽の昇ったとき他国の領土に着いて、私と（御者）チャンナとを残して、彼は心ひかれずに、去ってゆきました。

私は彼の足の銅色の爪を舌をもって嘗め、偉大な英雄の去ってゆくのを、涙して見送りました。

私は、かの幸ある者、シャカ族の子を失ったので、重い病をえて、すぐ死にました。」

詩人の想像は、愛馬を心あるものとして、詠じているのである。

釈尊は最愛の家族を捨ててまでも出家したのであるが、それは当時のインドの修行者の習慣に従ったまでである。それは今日でいえば、学問や技術を習得するために、家族と離れて都に出てきたり、あるいは外国にゆくという事情に一脈通ずる点がある。

ある詩句によると、彼の臨終間際に老年の弟子スバッダに向かって次のように告白したと伝えられている。

「スバッダよ、私は二十九歳で善を求めて出家した。スバッダよ、私は出家してから五十年余となった。」

この告白からみると、彼はこの世において善が何であるかということに悩み、その解決のために出家したのである。この点からみると、彼の関心はまた同時に非常に倫理的なものであったことがわかる。

世俗の生活を送り、結婚して子までもうけながら、家族を捨てて出家したという点で、ゴータマ・ブッダの生涯はジャイナ教の開祖マハーヴィーラなどと共通である。すなわちインド的な出家者の生涯の類型に従っているまでである。そうしてこういうかたちの出家、すなわち家族を捨てて出家するということは、ある程度財産があり富裕な人々にとってのみ可能である。もちろん借金をのがれるために、あるいは家族から邪魔もの扱いされていたために出家する場合もあったのであるが、いずれにしても捨てられる家族のほうは生活が確立していなければならない。だからこそ『カウティリヤ実利論』（第二巻第一章）は、妻子親族に対する扶養の義務を規定し、妻子に物を分かたずに出家することを禁止している。ゴータマ・ブッダは、自分の出家によってただちに家族が路頭に迷うというようなことがなかったので、断乎としてそのように決断することができたのであろう。

人間が病み、老い、死ぬという現象は、人間の存するところにはかならず見られるはずである。しかるにそれが、ゴータマ・ブッダによってとくに、もっとも重大な問題としてとりあげられ、後にアジア全体にわたって多くの人々の共感をうるにいたったのはなぜであるか？　ことに彼が王位をさえも捨ててしまったということは、王位に伴う享楽がむなしいものと映じたことを示している。これは、当時インドにおいて、大国がもろもろの小国を制覇しつつあり、小国の王権は基礎を脅かされていたので、若き日のゴータマは、やがてきたるべき運命を敏感に感じとっていたのであろう。はたして、シャカ族は、ゴータマの在世中に、コーサラ国のために滅ぼされてしまった。

この歴史的な運命に留意するならば、彼の生涯に関する予言の意味も、また理解しうる。彼は国王として迫りくる他国の武力を撃退して大帝国の主となるか、または現世的な事がらをすべて断念して精神的な師となるか、いずれかを選ばねばならなかったのであるが、彼はついに後の道を選びとったのである。

ところでゴータマ・ブッダが「善を求めて」、道を求める者として、新たな道に踏み入ったということは、彼が人生の問題について、一つの立場を表明したことを示している。当時の社会には道徳を否認するのみならず、その否認を公然と表明する思想家がいた。その代表者はプーラナ・カッサパである。プーラナを奉ずる徒は次のようにいった。

「この世で切るも殺すも、そこなうも奪うも、カッサパは悪を認めない。またみずからの功徳《くどく》をも認めない。彼はじつに自信をもって述べた。彼こそ師として尊ぶにふさわしい。」

また彼の説が次のように記されている。

「プーラナ・カッサパは次のようにいった。『（いかなることを）しても、またなさしめようとも、（生きものおよび人間を）切断しても、また切断せしめようとも、（生きものおよび人間を）苦しめようとも、また苦しめさせようとも、（生きものおよび人間を）悲しませようとも、また悩ませようとも、（生きものおよび人間を）おののかせようとも、またおののくようにさせようとも、生命を害しようとも、盗みをなそうとも、他人の家に侵入しようとも、掠奪をなそうとも、強盗をなそうとも、追剝になろうとも、他人の妻と通じようとも、虚言を語ろうとも、このようなことをしても、悪を行なったことにはならない。たとい剃刀《かみそり》のような刃のある武器をもってこの地上の生きものすべてを一つの肉団・一つの肉塊となそうとも、これによって悪の生ずることもなく、また悪の報いのくることもない。たといガンジス川の南岸にいって（生きものおよび人間を）殺したり、害したり、切断したり切断せしめたり、苦しめたり苦しめさせようとも、これによって悪の生ずることもなく、また悪の報いのくることもない。またたといガンジス川の北岸にいって施しをしたり施しをさせたり、祭祀をしたり祭祀をさせたりしても、これによって善の生ずることもなく、また善の報いのくることもない。施しをしても、自己を制しても、感官を制しても、真実を語っても、これによって善の生ずることもなく、また悪の報いのくることもない。』と。」

「プーラナ・カッサパはかくのごとく、みちの人としての実践生活の現に経験される果報を問われても、つねに無作用（の説）を説いた。たとえば、マンゴーの果実についで質問されたのにパンの木の果実について説明し、またパンの木の果実について質問されたのにマンゴーの果実について説明するように、それと同じく、プーラナ・カッサパは、じつにみちの人としての実践生活の現に経験される果報を問われても、つねに無作用（の説）を説いた。」

道徳否定論は形而上学的には唯物論によって基礎づけられる。唯物論者アジタの説も聖典のなかに紹介されている。

「毛髪の衣を着たアジタは次のようにいった。――『施しのされることもなく、祭祀のなされることもなく、供犠のなされることもない。善業および悪業の果報の現われることはない。この世は存在せず、かの世も存在しない。母もなく、父もなく、また（父母によらずに）自然発生する生きものも存在しない。みちの人・バラモンにして、正しく達し正しく行ない、この世とかの世とをみずから知りおえ証得して（他人のために）説く人々は、すべてこの世に存在しない。

この人間は四つの元素から構成されている。人が死ぬときには、（身体を構成している）地は（外界の）地の集合に帰入し、水は水の集合に帰入し、火は火の集合に帰入し、風は風の集合に帰入し、もろもろの機官は虚空のうちに帰入する。四人の人が一つの棺架によって屍体を載せてゆく。彼らは火葬場に至るまで嘆辞を説くが、（屍は焼かれて）ハト色の骨となり、供物は灰となる。施しなるものは、愚者の説くところである。もしも何びとかが（死後の）存在の説をなすならば、それは彼らの空虚なる虚言妄説である。愚者も賢者も、身体が破壊した後には、断滅し消滅する。死後には何ものも存在しない。』と。」

「毛髪の衣を着たアジタは、かくのごとく、みちの人としての実践生活の現に経験される果報を問われても、つねに断滅論を説いた。」

またパクダ・カッチャーヤナは同じく唯物論的な形而上学を唱え、人間は七つの要素から構成されていると主張した。彼の説は仏典のなかに次のように伝えられている。

「パクダ・カッチャーヤナは次のようにいった。――『この七つの集合体は、つくられず、つくられざるものに属し、創造されず、それの創造者なく、何ものをも産み出すことなく、山頂のごとくに常住であり、石柱の堅固であるように安定している。それらは動揺せず、変化せず、相互にそこなうこともない。いわんや相互に楽にも苦にも楽かつ苦にも導くことがあるであろうか。その七つとは何であるか？　すなわち地の集合と水の集合と火の集合と風の集合と楽と苦と、および第七に霊魂とである。これらの七つの集合体は、つくられず、つくられざるものに属し、創造されず、それの創造者なく、何ものをも産み出すことなく、山頂のごとくに常住であり、石柱の堅固であるように安定している。それらは動揺せず、変化せず、相互にそこなうこともない。いわんや相互に楽にも苦にも楽かつ苦にも導くことがあるであろうか。』」

さてこの立場からやはり道徳否定論が導き出される。

「さて（世の中には）殺す者もなく、殺さしめる者もなく、また聞く者もなく、聞かしめる者もなく、また識別する者もなく、識別せしめる者もない。もしも利剣をもって頭を断つとも、何びとも何びとの生命を奪うこともない。ただ七つの集合体の間隙に剣刃が通過したというだけにすぎない。」

思想史的にはおそらく道徳否定論の主張がまず最初に一般社会において支持を受け、それを基礎づけるものとして唯物論的形而上学が説かれるようになったらしい。

ところで若き青年ゴータマ・ブッダはこのような頽廃的・破壊的な思想にくみすることができなかった。彼は善を求め、道を求めた。彼のこの踏切りのなかに、後世仏教が偉大な建設的宗教として発展するにいたる萌芽を認めることができる。

第三章　求道

一　ビンビサーラ王との会見

南方仏教の伝説によると、釈尊は出家して後、七日たってから、当時最大の強国マガダ国の首都王舎城《おうしやじよう》にきた。そこで托鉢《たくはつ》し終わり、人々にこの市の出家者はどこに住んでいるのかと聞いた。するとパンダヴァ山の東面であるという答えをえたので、そこにいたった。ビンビサーラ王は釈尊の姓氏を尋ねさせ、その出家を思いとどまらせようとした。しかし釈尊はこれを辞して、二人の仙人をたずねたという。ゴータマが出家してまもなく王舎城へきたということは十分に理由のあることである。当時おそらくマガダがもっとも強大な国であって、王舎城はその首都であったから、いわば当時としては新しい文化の中心地へきたわけである。王舎城は都市と呼ばれ、パンダヴァ山は王舎城の五山の一つとされている。当時のマガダ王はビンビサーラであった。この王はカーストに関していえば、当然クシャトリヤであったが、大王と呼ばれていた。

王舎城は山に囲まれた地域である。今はレーアジギルと呼ばれている。ビハール州の首府パトナから約六十マイル東にある。現在は荒廃に帰して一面に草木が茂っているだけであるが、国王の都城としては確かに要害の地であったにちがいない。北側の渓谷に小さな川が流れているが、そのあたりに城門があり、釈尊はそこに出入されたと土地の人は説明している。一たびその城門を閉ざしてしまえば、難攻不落であった。だから王舎城は諸王国が対立して、たがいに侵略をくり返しているときの都としては適当であった。しかしマガダ国が強大になり、他の国々から侵略される恐れがなくなると、王舎城は都として不適当である。だから、マガダ国は後代になると、首都を水陸交通の要衝であるパータリプトラ（今のパトナ）に移してしまった。それはアジータシャトル王の子であるウダーイン王のときであると考えられている。しかし釈尊の当時には王舎城はマガダの首都として栄えていたのであり、「マガダの最大の都」と呼ばれている。あるいはインド第一の繁華な都であったかもしれない。『スッタニパータ』のかなり古い部分のある短篇に、釈尊が王舎城にきた次第が述べられている。

「眼ある人（釈尊）は、いかにして出家したのであるか、彼はどのように熟考して出家を喜んだのであるか、彼の出家を我は述べよう。

『この在家の生活は狭苦しく、煩《わずら》わしくて、塵の積もる場所である。ところが出家はひろびろとした野外であり、（煩いなし）』と見て、出家されたのである。

出家された後には、身による悪行を離れた。言葉による悪行をも捨てて、生活をすっかり清められた。

覚れる人（ブッダ）はマガダ国の（首都）・山に囲まれた王舎城にいった。すぐれた相好にみちた（覚れる人は）托鉢のためにそこへ赴いたのである。

（マガダ王）ビンビサーラは高殿の上に進み出て彼を見た。相好にみちた（彼）を見て（侍臣に）このことを語った。――

『汝ら、この人を見よ。美しく、大きく、清らかで、行いもそなわり、目の前を見るだけである。

彼は眼を下に向けて気をつけている。この人は賤しい家の出身ではないようだ。王の使者どもよ、走り追え、この修行者はどこへゆくのだろう。』と。」

ゴータマが「眼を下に向けて気をつけている」というのは、当時の出家遍歴行者の作法に従っているのである。彼らは路上の虫けらをさえも踏み殺さないように道路の上を注視しながら気をつけて歩かなければならない。バラモン教の法典もジャイナ教の戒律もともに規定しているところである。「生物を完全に保護するためには日も夜も常に、身体に苦痛ありとも、地上を精査しつつ巡行すべきである。」（『マヌ法典』六・六八）

「派遣された王の使者どもは、彼のあとを追っていった。——『この修行者はどこへゆくのだろう。彼はどこに住んでいるのだろう。』と。

彼は、もろもろの感官を制し、よく守り、正しく自覚し、気をつけながら、家ごとに食を乞うて、その鉢を速やかにみたした。

聖者は托鉢を終えて、都市の外に出て、パンダヴァ山に赴いた。——彼はそこに住んでいるのであろう。

（ゴータマがみずからの）住所に近づいたのを見て、そこでもろもろの使者は彼に近づいた。そうして一人の使者は（王城に）戻って、王に報告した。

『大王よ、この修行者はパンダヴァ山の前方の山窟の中に、トラや雄ウシのように、またシシのように坐しています。』と。

使者の言葉を聞き終わるや、クシャトリヤ（ビンビサーラ王）は壮麗な車に乗って、急いでパンダヴァ山のあるところに赴いた。

かのクシャトリヤは、車に乗ってゆけるところまで車を駆り、車からおりて、徒歩で赴いて、彼に近づいて坐した。坐して、それから王は挨拶の言葉を喜び交わした。挨拶の言葉を交わしたあとで、このことを語った。――

『あなたは若くて青春に富み、人生の初めにある若者です。容姿も端麗で、生まれ貴いクシャトリヤのようだ。

ゾウの群れを先頭とする精鋭な軍隊を整えて、私はあなたに財を与えよう。それを享受なさい。私はあなたの生まれを問う。これを告げよ。』

（ゴータマいわく）、『王よ、あちらの雪山（ヒマーラヤ）の中腹に、一つの民族がいます。昔からコーサラ国の住民であり、富と勇気をそなえています。姓に関しては〈太陽の裔〉といい、種族に関しては〈サーキヤ族〉（釈迦族）といいます。王よ、私はその家から出家したのです。欲望をかなえるためではありません。もろもろの欲望には患いのあることを見て、また出離《しゅつり》は安穏であると見て、努め励むために進みましょう。私の心はこれを楽しんでいるのです。』と。」

ここに描かれているゴータマは、詩の文句ならびに注釈の文から見ると、成道以前の釈尊であるらしい。

ここで悟りを開く前のゴータマが問題とされているならば、彼をボーディサッタと呼ばないで、ブッダと呼んでいることは、矛盾しているように思われる。おそらくここではブッダとは単に「めざめた人」というほどの意味しかなかったのであろう。それは真理に向かう人でもありうる。リス・デヴィッズは、これはキリスト教でいう「回心せる人」に相当するという。まだ初期においてはボーディサッタ（仏たるべき人）をブッダから峻別していなかったのであろう。

ところでビンビサーラ王の申出は注目すべきである。彼はシャカ族の王子に軍隊と財力とを提供して後援することを申し出ている（ゾウ軍は当時もっとも有力な武力であった）。なぜか？当時マガダ国はコーサラ国と競争相手の関係にあった。コーサラ国を倒すには、従属国であるシャカ族の国と同盟を結んでそれに軍事的経済的援助を与え、南と北とからコーサラ国を挟撃すればよい。ビンビサーラ王がこのような申出をしたのは当然である。

　ところがゴータマはこの申出を拒絶した。彼は世俗の世界を出て出家修行者となっていたからである。いかなる説得も彼の決心をひるがえさせることができなかった。

二　世俗の王位を捨てて

釈尊は理想の帝王・転輪王《てんりんおう》となりうる人であったが、それを捨てて宗教上の王となったという見解は、古い経典（『スッタニパータ』）の他の詩句にも表明されている。すなわちセーラ・バラモンが次のように呼びかけた。

「先生！　精力ある人よ。あなたは身体が完全であり、よく輝き、生まれもよく、見た目も美しい、黄金の色があり、歯はきわめて白い。

けだし、生まれのよい人のそなえる相好はすべて、偉人の相としてあなたの身体のうちにあります。

あなたは眼清らかで、顔もみめよく、（身体は）大きく、端正で、光輝あり、みちの人の群れの中にあって、太陽のように輝きます。

あなたは見るも美しい修行者で、その膚は黄金のようです。かくも容色がすぐれているのに、どうしてみちの人たる必要がありましょう。

あなたは転輪王となって、車兵の主となり、四方を征服し、ジャンブ州（インド）の支配者となるべきです。

クシャトリヤや地方の王どもはあなたに忠誠を誓うでしょう。ゴータマよ。王のなかの王として、人類の王として、統治をなさい。」

これに対して世尊は答えた。

「セーラよ。私は王ではありますが、無上の法王です。法によって輪を回すのです。反転しえない輪を。」

世界を統一する理想的な帝王を「転輪王」（輪を回す帝王）と呼ぶことは、バラモン教・ジャイナ教などを通じてインド一般に行なわれていたことである。仏教もその観念をうけて、釈尊はその転輪王にもなれた人であったが、それをやめて、宗教上の王者になったと説いているのである。

三　アーラーラ仙人をたずねる

ゴータマ・ブッダは教えを求めて、まずアーラーラ・カーラーマという仙人をたずねた。『仏所行讃《ぶつしょぎょうさん》』によるとこの仙人はヴィンディヤ山脈に住んでいたので、彼をたずねるために出発し、その途中で王舎城でビンビサーラ王に会い、アーラーラをたずねてからウッダカの庵に赴いたというが、その場所を記していない。

ところが、『方広大荘厳経《ほうこうだいしょうごんきょう》』第七巻によると、アーラーラはヴァイシャーリー市の傍らに三百人の弟子とともに住んでいた。彼をたずねてからマガダ国の王舎城にゆき、ビンビサーラ王に会い、またその近くに七百人の弟子とともに住んでいたウッダカ仙人に会ったということになっていて、地理的な記載は非常に異なっている。それよりも古い資料と考えられるパーリ語聖典のうちには、地理的な事がらには何も言及していないが、釈尊がアーラーラ仙人をたずねた次第については、釈尊の回顧譚として次のように述べている。

「私はかくのごとく出家して、善なるものを求め、絶妙なる寂静《じゃくじょう》の境地を求めつつ、アーラーラ・カーラーマのいる所にいった。そこにいってアーラーラ・カーラーマにこのように語った——『アーラーラ・カーラーマよ、私は（あなたの）この法と律とにおいて清浄行を行なおうと願うのです。』と。こういったときに、アーラーラ・カーラーマは私にこのようにいった——『賢者よ、ここにいなさい。この法は、そこにとどまるならば、智者は久しからずしてみずから師と等しいものをみずから知り、証し、体現しうるほどのものである。』と。そこで私は久しからずして速やかにその法に達することができた。かくて私は、ただ唇を打つ程度、ただおしゃべりする程度には知識の言葉を語り、長老の言葉を語ることができ、『われは知る』『われは見る』と自他ともに認めるほどになった。そのとき私は次のように思った。

——『じつにアーラーラ・カーラーマはこの法をただ信ずるだけで〈われみずから知

り、証し、体現しているのである〉と告げているのではない。じつに、アーラーラ・カーラーマはこの法を知り見ているのである。』と。そこで私はアーラーラ・カーラーマのいる所へいった。そこへいってアーラーラ・カーラーマにこのように尋ねた――『尊者カーラーマよ。あなたはどの程度にまでこの法をみずから知り証し体現してわれらに告げておられるのですか？』と。こういわれたときにアーラーラ・カーラーマは無所有処《むしょしょ》を宣説した。そのとき私はこのように思った――『アーラーラ・カーラーマにのみ信仰があるのではない。私にもまた信仰がある。アーラーラ・カーラーマにのみ精進があるのではない。私にもまた精進がある。アーラーラ・カーラーマにのみ念があるのではない。私にもまた念がある。アーラーラ・カーラーマにのみ精神統一があるのではない。私にもまた精神統一がある。アーラーラ・カーラーマにのみ智慧があるのではない。私にもまた智慧がある。さあ、私は、アーラーラ・カーラーマが〈みずから知り証し体現している〉と称しているその法を証することに努めよう。』と。そこで私は久しからずして速やかにその法をみずから知り証し体現することとなった。そこで私はアーラーラ・カーラーマのいる所へいった。そこへいって、アーラーラ・カーラーマにいった――『尊者アーラーラ・カーラーマよ。あなたはこの法をこの程度にまでみずから知り証し体現して告げられるのですか？』と。（カーラーマは答えた）――『尊者よ。私はこの程度にまでこの法をみずから知り証し体現して告げているのです。』と。（私はいった）――『尊者よ、じつは私もまたこの程度にまでこの法をみずから知り証し体現しているのです。』と。（カーラーマはいった）――『尊者よ。かくのごとき尊者を、修行を共にする人と見なすことのできるわれわれは、しあわせであり、まことに幸福です。このように、私がみずから知り証し体現して告げるその法を、あなたもみずから知り証し体現しておられる。あなたがみずから知り証し体現しておられるその法を、私もみずから知り証し体現して告げるのです。このように私が知っている法を、あなたも知っておられる。あなたが知っておられる法を、私も知っている。かくのごとく、あなたは私のごとくであり、私はあなたのごとくである。尊者よ、さあきたれ。われら二人でこの衆を統率しましょう。』と。このようにアーラーラ・カーラーマは、私の師でありながら、弟子である私を自分と同等において、大げさな尊敬供養によって私を尊敬供養した。そのとき私はこのように思った――『この法は厭離《おんり》に赴かず、離欲《りよく》に赴かず、止滅《しめつ》に赴かず、平安に赴かず、智に赴かず、正覚に赴かず、安らぎに赴かない。ただ無所有処を獲得しうるのみ。』と。そこで私はその法を尊重せず、その法に慊《あき》たらず、出で去った。」

四　ウッダカ仙人をたずねる

ウッダカ・ラーマプッタが非想非非想処《ひそうひひそうじよ》を説いたことは、後世の仏伝でも承認している（ラーマプッタとはラーマの子という意味である）。しかし『方広大荘厳経』では具体的にその内容を示さずに、釈尊の問いに対してウッダカは「我はもと師なくして自然に悟れり」と答えている。パーリ語聖典では釈尊が彼をたずねた次第について、釈尊の回顧譚として次のように述べている。

「かくして私は善なるものを求め、無上の絶妙なる境地を求めて、ラーマの子・ウッダカのいる所へいった。そこへいってラーマの子・ウッダカにこのように語った——『尊者よ、私は（あなたの）この法と律とにおいて、清浄行を行なおうと願うのです。』と。こういったときにラーマの子・ウッダカは私にこのようにいった——『賢者よ、ここにいなさい。この法は、そこにとどまるならば、智者は久しからずしてみずから師と等しいものをみずから知り、証し、体現しうるほどのものである。』そこで私は久しからずして速やかにその法に達することができた。かくて私は、ただ唇を打つ程度、ただおしゃべりする程度には知識の言葉を語り、長老の言葉を語ることができ、『われは知る』『われは見る』と自他ともに認めるほどになった。そのとき私は次のように思った――『じつにラーマはこの法をただ信ずるだけで〈われはみずから知り、証し、体現しているのである〉と告げているのではない。じつにラーマはこの法を知り見ているのである。』と。そこで私はラーマの子・ウッダカのいる所へいった。そこへいってラーマの子・ウッダカにこのように尋ねた――『尊者ラーマよ。あなたはどの程度にまでこの法をみずから知り証し体現して告げておられるのですか？』と。こういわれたときにラーマの子・ウッダカは非想非非想処を宣説した。そのとき私は、このように思った。――『ラーマにのみ信仰があるのではない。私にもまた信仰がある。ラーマにのみ精進があるのではない。私にもまた精進がある。ラーマにのみ念があるのではない。私にもまた念がある。ラーマにのみ精神統一があるのではない。私にもまた精神統一がある。ラーマにのみ智慧があるのではない。私にもまた智慧がある。さあ、私は、ラーマが〈みずから知り証し体現している〉と称しているその法を証することに努めよう。』と。そこで私は久しからずして速やかにその法をみずから知り証し体現することとなった。そこで私はラーマの子・ウッダカのいる所にいった。そこにいって、ラーマの子・ウッダカにいった——『尊者ラーマよ、あなたはこの法をこの程度にまでみずから知り証し体現して告げられるのですか？』と。（ラーマの子は答えた）——『尊者よ。私はこの程度にまでこの法をみずから知り証し体現して告げているのです。』と。（私はいった）——『尊者よ、じつは私もまたこの程度にまで法をみずから知り証し体現しているのです。』と。（ラーマの子はいった）——『尊者よ。かくのごとき尊者を、修行を共にする人と見なすことのできるわれわれはしあわせであり、まことに幸福です。このようにラーマがみずから知り証し体現して告げたその法を、あなたもみずから知り証し体現しておられる。あなたがみずから知り証し体現しておられるその法を、ラーマもみずから知り証し体現して告げたのです。このようにラーマが知っている法を、あなたも知っておられる。あなたが知っておられる法をラーマも知ったのです。かくのごとく、あなたはかつてのラーマのごとく、ラーマはあなたのごとくでありました。尊者よ、さあきたれ。あなたはこの衆を統率なさい。』と。このようにラーマの子・ウッダカは、私と修行を共にするものでありながら、私を師の地位において、大げさな尊敬供養によって私を尊敬供養した。

そのとき私は、このように思った――『この法は厭離に赴かず、離欲に赴かず、止滅に赴かず、平安に赴かず、智に赴かず、正覚に赴かず、安らぎに赴かない。ただ非想非非想処を獲得しうるのみ。』と。そこで私は、その法を尊重せず、その法に慊らず、出で去った。」

五　無所有の境地

アーラーラ・カーラーマがめざした境地は「無《む》所有《しょう》処《しょ》」であるとされている。これは玄奘《げんじょう》などの訳語である。漢訳『中阿含経《ちゅうあごんぎょう》』の相当文では釈尊は「遠離《おんり》空安靖処《くうあんしょうじょ》にひとり住して」いたが、アーラーラ・カーラーマによると、さらに「無量識処を度《わた》って無所有処をうる」のであり、さらにウッダカ・ラーマプッタは、彼の父ラーマが「一切無《いっさいむ》所有《しょう》処《しょ》を度《わた》って非《ひ》有《う》想《そう》非無想処《ひむそうじょ》をうる」ことを教えていたという。ゆえに漢訳『中阿含経』の原典では無色界《むしきかい》（物質のない世界）の四つの領域である空無辺処《くうむへんじょ》、識無辺処《しきむへんじょ》、無所有処《むしょうしょ》、非想非非想処《ひそうひひそうじょ》の定型がすでに成立していて――（まだ無色界という観念は成立していなかったけれども）――それをここにあてはめたものであることがわかる。

さて「無所有」ということは最初期の仏教の時代には、仏教外の一般修行者のめざしていた境地であった。「明呪（ヴェーダ）に通じた一バラモンは、無所有の境地をえようと願って、コーサラ族の美しい都から、南国へやってきた。」

ゆえに当時のバラモンもその例外ではなかったのである。無所有ということはジャイナ教徒もしばしば理想としてめざしていた。

そうしてそれはまた最古の仏典である『スッタニパータ』の最古の部分であるパーラーヤナ篇の説くところである。ウパシーヴァというバラモン学生に対して次のように教えている。

「ウパシーヴァ尊者がいった。

『シャカよ。私は、ひとりで他のものにたよることなくして大きな煩悩の流れをわたることはできません。私がそれにたよってこの流れをわたりうるよりどころをお説きください。あまねき眼ある者よ。』

世尊はいった、『ウパシーヴァよ。よく気をつけて、無所有を期待しつつ〈そこには何も存在しない〉と思うことによって、煩悩の流れをわたれ。

もろもろの欲望を捨てて、もろもろの疑惑を離れ、愛執の消滅を昼夜に観ぜよ。』

尊者ウパシーヴァがいった、

『いっさいの欲望に対する貪りを離れ、無所有にもとづいて、他のものを捨て、最上の有想解脱において解脱した人――彼は退堕《たいだ》することなく、そこに安住するでありましょうか？』

世尊はいった、『ウパシーヴァよ、いっさいの欲望に対する貪りを離れ、無所有にもとづいて、他のものを捨て、最上の有想解脱において解脱した人――彼は退き去ることなく、それに安住するであろう。』と。」


注釈によってみても、ここでは、無《む》所有《しょう》処定《しょじょう》を意味している。ただし注釈が書かれたときにはすでに四無色定の観念が成立していたから、世尊は無所有処定からさらに非想非非想定《ひそうひひそうじょう》に入り、さらにそれを出て、より高い境地にはいったと説明している。しかしこれは明らかに原文からそれた説明である。

また同じ趣旨のことが古い経典の他の詩句においても教えられている。

「彼は世間において所有がない。また無所有を憂えることもない。彼はもろもろの事物に赴くこともない。彼は聖者と呼ばれる。」

ここで「所有がない」というのは、自分に属するものがないという意味である。そこでいいうることは、最初期の原始仏教では、おそらく仏教以前からあった仏教外の思想を受けて「無所有」という境地をめざし、その境地を実現するために禅定《ぜんじょう》を修していたのに、後にパーリ文『中部』経典の原型がつくられたころには、その表現が捨てられて、それが外道《げどう》であるアーラーラ・カーラーマに帰せられるにいたったのであろう。

六　非想非非想の境地（および四無色定）

ところで、ラーマの子・ウッダカが説いたとされる「非想非非想」ということもまた、最初期の原始仏教において説いたことであった。われわれはこれが同じく最古の経典の一つである『スッタニパータ』のアッタカ篇のうち釈尊の教えとして説かれているのを見出しうる。

「いかに行《ぎょう》じた者にとって、形態が消滅するのですか？　楽と苦とはいかにして消滅するのですか？　消滅するありさまを、私に語ってください。私はそれを知りたいものです。——私はこのように考えました。」

という質問に対して釈尊は次のように答えたということになっている。

「ありのままに思う者でもなく、誤って思う者でもなく、思いなき者でもなく、思いを消滅した者でもない。——かくのごとく行じた者の形態は消滅する。けだし世界の広がりの意識は思いを縁として起こるからである。」

右の原文には「非想非非想」ということがはっきりと示されている。ウッダカは禅定によって「非想非非想処」という特殊な境地に入ることをめざしていたのであるが、右のアッタカ篇においても禅定によって「思い」をなくすることによって、「世界の広がりの意識」をなくした境地に入ることをめざしているのである。だから最初期の仏教（アッタカ・ヴァッガ）で主張された説が、中部経典ではウッダカに帰せられているわけである。

もちろん反対の仮定としては、アーラーラ・カーラーマやラーマの子・ウッダカが右のような思想をいだいて、それが原始仏教によって採用され、『スッタニパータ』（とくにアッタカ篇とパーラーヤナ篇）のなかに反映していると考えることも可能であるが、しかし斥けられたはずの右の二人の行者の思想が、そのまま成道後の釈尊の教えとして説かれることはありえない。

『スッタニパータ』のほうが、どうしても古い典籍であるから、われわれは次のような結論をえる。

原始仏教の最初期A（――それは最古の典籍、パーラーヤナ篇によって代表される――）においては、我執《がしゅう》を離れることを説いた教えの必然的帰結として「無所有」の境地をめざし、そのために禅定を修した。「無所有」ということはジャイナ教徒もまた理想の境地としてめざしていたことである。その境地は「想からの解脱」と呼ばれている。

ところが仏教がさらに進展して原始仏教の最初期B（――それはアッタカ篇によって代表される――）の時期になると、さらに一歩を進めて、究極の極地は「想が有るのでもなく、無いのでもない」と説くようになった。おそらく最初期Aのように「想が有るのではない」「何ものも存在しない」と説いただけでは虚無論と誤解されることもあったので、それを避けたのであろう。

そうして仏教がさらに飛躍的に発展した時代（――アショーカ王以後、あるいは早くてもナンダ王朝以後――）になると、右の最初期A・Bのような思想では時代の人心の要求に適合しないことになり、新たな飛躍的な思想が必要になった。そこで「無所有」の思想をアーラーラ・カーラーマにかこつけ、「非想非非想」の思想をラーマの子・ウッダカにかこつけるようになり、仏教は新たな思想を展開したのである。その事情は後代において、小乗仏教に対して大乗仏教が起こった事情に似ている。

そうして『中部』経典において一たび右のように定められると、「無所有」の説と「非想非非想」の説は、実際には仏教の説であったにもかかわらず、仏教外の説として、やがて四《し》無《む》色定《しきじょう》の型式のなかにはめこまれ、それぞれ無《む》色界《しきかい》の第三・第四天に配されるにいたった。

それでは次に無色界のうちの第二所とされている「識無辺処」はどうかというと、これも原始仏教聖典の最古層の中にその萌芽とみられるような思想が説かれている。すなわち、とくに「何も存在しない」と観ずることは、「すべての識のありさま」を観ずることであると考えられた。

「ポーサーラが問うていった、

『物質的なかたちの思いを離れ、身体をすべて捨て去り、内にも外にも〈何ものも存在しない〉と観ずる人の智を、私はお尋ねするのです。シャカよ、そのような人はさらにどのように導かれねばなりませんか？』

世尊はいった、

『ポーサーラよ、すべての識のありさまを知り尽くした如来は、彼の存在するありさまを知っている。すなわち、彼は解脱していて、そこをよりどころとしていると知る。

無所有の成立するゆえん、すなわち〈歓喜は束縛である〉と知って、それをかくのごとしと知って、それからそこにおいて静かに観ずる。

安立したそのバラモンには、この如実なる智が存する。』と。」

右の文から見ると、「識のありさま」はほぼ「無所有の成立するゆえん」に相当するようである。だから識のありさまを観ずるのは、無所有の前の段階と考えられるのは当然である。このような考えが発展して、識無辺処の観念が後に成立するにいたったのであろう。そうして後世に三界説が成立するとともに、それと結びついて、「識のありさま」は七識住《しちしきじゅう》として説かれるようになった。

心識が無辺であると観ずる精神統一（識無辺処定）という言葉は、原始仏教の詩句には説かれていない。しかし究極の解脱とは識の働きのなくなることであるという説明は所々になされている。

「『よく気をつけて行なっている人の識は、どのように止滅《しめつ》するのですか？　それを先生にお尋ねするために私はやってきたのです。あなたのそのお言葉を、私はお聞きしたいのです。』

『内面的にも、外面的にも、感覚的感受を喜ばない人、このようによく気をつけて行なっている人、の識は止滅するのである。』」

「いかなる苦が生ずるのであろうとも、すべて識によって起こるのである。識が止滅されるのであれば、苦が生ずるということはありえない。

〈苦しみは識によって起こるのである〉と、この患いを知って、識を静かならしめた修行者は、快をむさぼることなく、安らぎに帰しているのである。」

次に無色界の第一処である空無辺処についてみるに、無辺なる虚空を思い浮かべて念ずる精神統一（空無辺処定）という語は、原始仏教聖典の詩句のなかには現われていない。しかしそういう思想は説かれている。

「つねによく気をつけ、自己に執する見解をうち破って、世界を空なりと観ぜよ。しからば死をわたることができるであろう。このように世界を観ずる人を、死王は見ることがない。」

ありとあらゆるものを空であると観ずるためには、それらはたとえば虚空のごとくであると観ずべきである、ということを大乗仏典においてはくり返し教えている。〔ここで「虚空」とは空間とエーテルと両意義を有するような自然界の原理である。〕それと同じことで、ここでも世界を空であると観ずることは、世界は虚空のごとくであると観ずるのとほぼ同じことになる。

だから四無色定といわれる一つ一つの禅定の説明、およびそれを貶しおとしめる説明を並べてみると、われわれはそこに、最初期の仏教における思想的発達を見出すことができる。そうしてそのある部分は外道の仙人の口にかこつけて説かれているのである。〔欲界および色界の諸天の体系化は仏教の内部で、ゴータマ・ブッダの時代よりもかなり後世になって行なわれたものである。〕

アーラーラ・カーラーマの口をかりて異端思想を述べるということは、後世になっても行なわれた。『仏所行讃《ぶっしょぎょうさん》』においては、アーラーラの口をかりてサーンキヤ哲学的な思想を述べている。これが明瞭に後世の作為になるものである以上、パーリ語聖典の散文のうちに、それと同じようなことが行なわれたとしても、何のふしぎがあろう。

なおウッダカ独自の思想としてパーリ語聖典のうちに次のように伝えられている。

「ラーマの子であるウッダカはかくのごとく語った――

『ここにじつに明知者がいる。ここにじつにいっさいにうち勝った者がいる。掘り取られなかった節《ふし》ある根を、ここに掘り取った。』

と。それはこういうことなのである。――ラーマの子・ウッダカは明知者ならざる者でありながら、『われは明知者である』と語り、いっさいに勝った者ではないのに、『われはいっさいにうち勝った者である』と語り、また節ある根は掘り取られていないのに、『われは節ある根を掘り取った』と語る。

修行僧はここに正しく次のように語るべきである。

『ここにじつに明知者がいる。ここにじつにいっさいにうち勝った者がいる。掘り取られなかった節ある根を、われは掘り取った。』

と。修行僧はどうして明知者であるのか。修行僧は、六つの接触の起こる領域の生起と消滅と味著と患いと出離とを如実に知るがゆえに、かくのごとく明知者なのである。

修行僧はどうしていっさいにうち勝った者であるか。修行僧は、六つの接触の起こる領域の生起と消滅と味著と患いと出離とを如実に知って、執著することなくして解脱しているから、かくのごとくいっさいにうち勝った者なのである。

どうして修行僧は掘り取られていなかった節ある根を掘り取ったのであるか？　節というのはこの四元素から成る身体の別名であり、身体は父母から生じ、飯粥《はんしゅく》の積もったものであり、無常・蝕壊・磨滅・分裂・潰滅の性質あるものである。節ある根とは、愛執の別名である。修行僧の愛執は断ぜられていて、根を断たれ、根を引き抜かれたターラー樹のごとく、威力に従うものとされ、未来に生ぜざるものとなるから、かくのごとく修行僧の掘り取られなかった節ある根は掘り取られてあるのである。」

もしも右の所伝が歴史的に確実性があるならば、ウッダカはなかなか自信にみちた傲慢な人であったらしい。「いっさいにうち勝った者」などはジャイナ教でも修行を完成した行者の理想とし、仏教にも継承されているから、いわば当時の宗教家の理想であったのであろう。見習の修行僧（沙弥）チュンダに対する説法のなかでは、釈尊の言葉として次のように伝えられている。

「チュンダよ。じつにラーマの子・ウッダカはこのような言葉を語った――『見つつ、見ず』と。何を見つつ、見ないのであるか？　よく磨かれた剃刀《かみそり》の面を見るけれども、その刃を見ないのである。これが『見つつ、見ず』といわれるものである。ラーマの子・ウッダカの語ったこのことは、劣って卑しく、凡夫のことであって、聖に非ず、意義のないことで、剃刀のことのみ考えていうのである。しかし『見つつ、見ず』ということを正しく語る人が語るならば、『見つつ、見ず』ということを正しく語るべきである。では、何を見つつ、見ないのであるか？　『かくのごとくいっさいの相がそなわり、いっさいの相を円満し、滅なく増なく善く説かれ純粋円満なる清浄行が明らかにされた。』と、じつにかくのごとく見るのである。『ここでこれが除かるべきである。それはかくのごとくさらに清浄となるべきである。』と、かくのごとくそれを見ないのである。『ここでこれが加えられるべきである。それはかくのごとく円満となるべきである。』と、かくのごとくにそれを見ないのである。これが『見つつ、見ず』といわれるのである。」

ここではウッダカの言を修正して、その表現をとり入れ、釈尊の思想に適合するように趣意を改めて説いている。「見つつ、見ず」というのは非常に特徴的な表現であり、一般仏典のうちにはあまり説かれていないから、これはおそらくウッダカが実際にそのように説いていたのであろう。

アーラーラ・カーラーマとウッダカ・ラーマプッタという二人の仙人の思想は、このように現在ではほとんど不明になっていて確知しえないのは残念であるが、いかなる仏伝も右の二人を抹殺しえなかったことからも知られるように、悟りを開く以前のゴータマ・ブッダは右の二人をたずねて、彼らから深い精神的影響を受けたことは疑いない。

七　悪魔の誘惑

釈尊が出家してから悟りを開くまでの時期は「修行」の時期としてまとめられている。修行中の釈尊を悪魔が誘惑した話がいろいろ伝えられているが、そのうち最古のものにおいては、釈尊が自分の回想として、次のように述べている。

「ネーランジャラー川の畔《ほとり》にあって、安穏をうるために、努め励み専心し、努力して瞑想していた私に、悪魔ナムチはいたわりの言葉を発しつつ近づいてきて、いった。――

『あなたはやせていて、顔色も悪い。あなたの死が近づいた。

あなたが死なないで生きられる見込みは、千に一つの割合だ、君よ、生きよ。生きたほうがよい。命があってこそもろもろの善行をなすこともできるのだ。

あなたがヴェーダ学生としての清らかな行いをなし、聖火に供物をささげてこそ、多くの功徳《くどく》を積むことができる。（苦行に）努め励んだところで、何になろう。

努め励む道は、ゆき難く、行ない難く、達し難い。』と。この詩句を唱えて、悪魔は悟れる人の側に立った。かの悪魔がこのように語ったときに、世尊は次のように告げた。

『怠け者の親族よ、悪しき者よ。汝は（世間の）善業を求めてここにきたのだが、私にはその（世間の）善業を求める必要は微塵《みじん》もない。悪魔は善業の功徳を求める人々にこそ語るがよい。

私には信仰があり、努力があり、また智慧がある。このように専心している私に、汝はどうして生命のことを尋ねるのか？

（励みから起こる）この風は、河水の流れをも涸らすであろう。ひたすら専心せるわが身の血がどうして涸渇《こかつ》しないであろうか。

（身体の）血が涸れたならば、胆汁も痰も涸れるであろう。肉がなくなると、心はますます澄んでくる。わが念いと智慧と禅定とはますます安立するにいたる。

私はこのように安住し、最大の苦痛を受けているのであるから、わが心はもろもろの欲望を省みることがない。見よ、心身の清らかなことを。汝の第一の軍隊は欲望であり、第二の軍隊は嫌悪であり、第三の軍隊は飢渇《きかつ》であり、第四の軍隊は愛執といわれる。

汝の第五の軍隊はものうさ、睡眠であり、第六の軍隊は恐怖といわれる。汝の第七の軍隊は疑惑であり、汝の第八の軍隊は見せかけと強情とである。誤ってえられた利得と名声と尊敬と名誉と、また自己をほめたたえて他人を軽蔑することは、ナムチよ、これらは汝の軍勢である。黒き魔の攻撃軍である。勇者ならざる者は彼にうち勝つことができない。（勇者は）うち勝って楽しみをうる。

この私がムンジャ草を口にくわえるだろうか？（敵に降参してしまうだろうか？）この世における生は、いとわしいかな。私は、敗れて生きるよりは、戦って死ぬほうがましだ。ある道の人・バラモンどもはこの（汝の軍隊）のうちに沈没してしまって、見えない。そうして徳行ある人々のゆくべき道をも知っていない。

軍勢が四方を包囲し、悪魔がゾウに乗ったのを見たなら、私は立ち迎えて彼らと戦おう。私をこの場所から退けることなかれ。神々も世間の人々もその軍勢を破りえないが、私は汝の軍勢を、智慧もて破る。あたかも焼いてない生《なま》の土鉢を石もて砕くがごとく。

みずから思惟を制し、よく念いを確立し、国から国へと遍歴しよう。――ひろく弟子どもを導きながら。

彼らはわが教えを実行しつつ、怠ることなく、専心している。そこへゆけば、憂うることのない、欲望なき境地に、彼らは赴くであろう。』と。

〈悪魔はいった〉『われは七年間も世尊に一歩一歩ごとにつきまとうていた。しかもよく気をつけている正覚者には、つけこむ隙をみつけることができなかった。

カラスが脂肪の色をした岩石の周囲をめぐって、

〝ここに柔らかいものがえられるだろうか？　味のよいものがあるだろうか？〟

といって、飛び回ったようなものである。

そこに美味を見出しえずして、カラスはそこを飛び去った。岩石に近づいたそのカラスのように、我らは厭いてゴータマを捨て去る。』と。

憂いにうちしおれた悪魔の脇から琵琶がパタッと落ちた。ついで、かの夜叉は意気銷沈してそこに消え失せた。」


これが釈尊に対する悪魔の誘惑を述べた、おそらく最古の文章である。

右の場面としてのネーランジャラー川は、サンスクリットではナイランジャナー川といい、漢訳仏典では「尼連禅河」などと音写されて、現在はパルグ川と呼ばれている。この川がブッダガヤーの近くを流れていて、雨期には多少水が濁るが、両岸の砂は日光を浴びて美しく光っている。ゴータマはそのほとりのウルヴェーラーで苦行を修したと伝えられている（これは現在の Urel 村にその名を残している）。

ナムチとはヴェーダおよび叙事詩によく出てくる悪魔であり、それをここでは悪魔あるいは悪しき者と呼んでいる。またこの悪魔は夜叉であるとも考えられていたわけである。インド最古の宗教聖典リグ・ヴェーダにおいてナムチは「悪しき者」と呼ばれていた。またブラーフマナ文献ではリグ・ヴェーダのこの文句を引用して、ナムチをインドラ神が退治することを述べている。ところが原始仏教聖典では、ナムチが死神と同一視されている。死神はときには「滅亡をもたらす者」とも呼ばれ、またウパニシャッドにおけると同様に「死」と呼ばれることもある。これらはみな同義語である。死神がバラモンの青年ナチケータスを誘惑して真剣な求道をそらせようとする話は、カータカ・ウパニシャッドに出ている。仏典の右の一連の詩句はこれを直接または間接に受けて、死神についても仏教以前の古い呼称を継承するとともに、新たにマーラ（殺す者）という呼称を用い、これが後世の仏典ではとくに有力になったのである。

ところでその悪魔がゴータマに対してどのように誘惑したかというと、第一に健康を保って身を全うせよということ、第二には、まずヴェーダ学生として独身の清らかな行いを保ち、次に家長として聖火に供物をささげて祭りを行ない、多くの功徳を積むというバラモン教徒の道である。第一と第二とは相互に裏づけ合う関係にある。ところがゴータマはバラモン教のこの生活法を拒否した。ここでゴータマが実践していたのは「努め励む道」と称するものであり、心身を制することに、努め励み専心し努力していたのである。身体を制し、悪魔の誘惑に勝つということが、非常な努力を要することであったが、彼はそれを内面的な修養努力によって実現しようとしたのであった。そうしてこの修養のしかたは、部分的にはすでにウパニシャッドに説かれていることであった。すなわちウパニシャッドにおいて「食物が清浄であるときに、心身の清浄がある。心身の清浄なときに念いが堅固である。念いをえたときにいっさいの束縛から解放される。」というが、それと同じ表現法が右の釈尊の言葉のうちに示されている。だからゴータマはバラモン教一般の生活の道に対して、改革的なウパニシャッドの立場を受けて内面的精神的な歩むべき道を示したのである。右の対立からみるかぎりバラモン教の道は世俗的・慣習遵奉的であり、これに対してゴータマのそれは超世俗的・出世間的である。バラモン教の立場における祭祀などの「善業」の意義を否認する。しかし彼は祭祀における慣習的なものを一度否定することによって、人間の内面的精神的な面に心を向けたために、やがて仏教はバラモン教よりももっと自由な立場から世俗における実践倫理を基礎づけることができるにいたったのである。すなわち「善」と呼ばれるものの精神的内面的特性を見出したので、それに基礎づけられている世俗的行為が、やがて仏教の立場から「善業」と呼ばれうるにいたる。ここに仏教でやがて五戒などの道徳が説かれるにいたる基礎が存するのである。

そうしてこのような新しい倫理思想が台頭したということは、ガンジス川中流地方における社会的変動と密接な関係があると思われる。当時その地方では、アーリヤ民族と原住民との混血が行なわれたために、別種の民族が形成された。彼らはもはや父祖以来の伝統的な習俗儀礼を守ろうとはしないで、ほしいままの、すこぶる自由な態度をとっていた。彼らの定住した地方は、地味肥沃で多くの農作物を産出したために、彼らの物質的生活はきわめて豊かで安易となった。そうして物資が豊富になるとともに、しだいに商工業が盛んとなり、多くの小都市が成立した。

最初は、これらの小都市を中心に多くの小さな国家が多数並んで存在し、貴族政治あるいは共和政治を行なっていたのであるが、それらは、しだいに国王の統治する大国に併合されていった。それらの諸国では、国王が絶対的な支配権を握っていた。原始仏教聖典でも、「国王は人間のうちでの最上の者である」などというが、なぜこのようなことを、わざわざとりたてていったのか、というと、それは、従前のバラモン教では「バラモンはありとあらゆるもののうちで最上の者である」と説いていることに対比させているのである。当時の階級はしばしば王族・バラモン・庶民・隷民・チャンダーラ（屠殺業者）・プックサ（汚物掃除人）の順序であげられている。

また、それと並んで当時の新興都市では商工業が非常に発達し、貨幣経済の進展が著しい（考古学的調査によっても、この時代以後貨幣が大量に見出される）。都市には膨大な富が蓄積され、商工業者たちは多数の組合をつくり、都市の内部の経済的実権を掌握していた。ここでは経済的実権のある人がすなわち覇者であった。「たとい隷民であっても、もしも彼が財宝・米穀・金銀に富んでいるならば、王族でもバラモンでも庶民でも、彼より先に起き、後に寝て、進んで彼の用事を勤め、彼の気にいることを行ない、彼に対して快い言葉を語るであろう。」という社会的事実が原始仏教聖典のうちに認められている。また悪王に対して、民衆が蜂起してそれを追放し、あるいは殺したという記事が仏典のなかに現われている。いまや旧来の社会制度、とくに階級制度がくずれ始めたのである。もはやバラモンを尊敬せず、ヴェーダ聖典を遵奉しない人々も多数現われてきた。そうしてこういう変動の中心がマガダであって、ゴータマ・ブッダはそこで修行していたのである。だからおそらく当時以後につくられたらしいヴェーダ付属文献は「マガダ人であるえせバラモン」に対する反感を示している。ゆえに釈尊に対する悪魔の誘惑の神話は、すくなくともその最古のものについて見るかぎり、旧来の社会的基盤に依存する旧い伝統的なイデオロギーと新しい社会的基盤から生まれ出た萌え出る思惟との対立抗争の反映にほかならない（しかし釈尊が神格化されると、この神話もまた様相を異にしてくる）。

さて右の文の結びからみると、悪魔は七年間ゴータマ・ブッダにつきまとっていたが、ついに志を達しえなかったという。後世の多くの仏伝では、悪魔の誘惑とそれに対する克服（降魔）は、成道のまぎわについて説かれることが多い。しかしそれは後世の仏伝作者が成道の劇的効果を印象的に強めるために、そのように描いたのであって、歴史的事実からは遠いであろう。すくなくとも最初期の仏教徒は後世の仏伝作者とは異なって、不断の精進、誘惑に対する七年間の不断の抗争、が釈尊の修行の内容をなしていたと考えていたらしい。

また同じく右の詩句において、修行中のゴータマを正覚者と呼んでいることにやはり注意すべきである。後世の仏伝によると、ゴータマは悪魔の誘惑を斥け悟りを開くことによって覚者（ブッダ）となったといわれている。しかしブッダとなったあとでも、彼は依然として人間であったのであり、悪魔の誘惑を避けねばならぬ点では同じであった。このことをはっきり自覚していたからこそ、彼は多数のやかましい戒律を制定したのである。だからブッダたることは、誘惑を斥けるという行為それ自体のうちに求められねばならぬ。不断の精進がそのまま仏行なのである。悟りを開いて「仏」という別のものになるのではない。もし後世の表現を用いることが許されるならば、「発心即究竟」であり、「修証不二」である。したがっていわゆる成道以前のゴータマに関して、最古の資料『スッタニパータ』において「ブッダ」とか「正覚者」とかいう呼称を用いていることは、すこしもふしぎではない。そうして後世の大乗仏教や禅宗などで強調された実践的精神が、その萌芽のかたちで、ここに現われていると解することができるであろう。

　悟りを開く前の仏をボーディサッタ（菩薩）というのが後世一般に普通となるが、『スッタニパータ』の新層では生まれたばかりのゴータマをボーディサッタと呼んでいる。悟りを開く以前と以後とを峻別する立場に立つと、悟りを開く以前のゴータマをボーディサッタと呼び、この呼称が後世には一般化するにいたったのである。

八　苦行

また右の諸句ではもっぱら苦行を行ない、悪魔の誘惑にも屈せず、ついに修行を完成したことになっている。この立言は注目すべきものであるから、すこしく検討してみよう。

普通一般に後世の仏伝に説かれているところによると、釈尊は山林にこもって六年間苦行を修した。その結果、彼の身体はやせ衰えて、色は死灰のようになったが、最高の認識をうることができなかった。彼はついに苦行は真実の道ではないことを知って、村の一少女のさゝげた牛乳を飲み、川で身を洗い清め、苦行を捨ててしまった。気力を回復してから、彼はブッダガヤーの地に赴き、そこにある一本の菩提樹のもとに静坐して瞑想し、ついに悟りを開いて、ブッダすなわち覚者となった、という。かかる伝説はおそらく仏教が発展して、他の諸宗教の実践法との区別を強調する傾向が強くなるに従って、つくり出されたものであろう。

ゴータマの修行の年数は古い詩句によってみると七年間であった。

また釈尊は「七年間慈心を修した」とある詩句の中に記されている。この句は短いけれど注目すべきである。一般に仏教は慈悲の教えであると考えられているが、釈尊はみずからそれを体現したと古い時代から伝えられていることも、文献的に立証されたことになる。「慈しみを修する」ということは、精神的内面的に重大な意義をもっているのみならず、それには一種のふしぎな霊力が加わると考えられていたのである。一部の学者の間では、慈悲の精神は後の大乗仏教になって強調されたことであり、最初期の仏教は独善的なものであったと考えられているが、しかし右の詩句からみると、慈悲の精神はゴータマの修行の中心的位置を占めていたことが知られる。

修行の実情について、経典のうちのやや遅い層には、後年、修行僧たちに語った釈尊自身の回想として次のように記されている。

「かくて私は善なるものを求め、無上の絶妙なる静寂の境地を求めて、マガダ国の中を遊歩しつつ、ウルヴェーラーのセーナー聚落にはいった。そこに愛《め》ずべき地域、麗わしの森林、流れゆく〔ネーランジャラー〕川、よく設けられた美しい堤、四囲豊かな村落を見た。そのとき私はこう考えた――じつにこの地域は愛すべく、森林は麗わしく、川は流れゆき、堤はよく設けられて美しい。じつにこれは努め励もうと欲する良家の子が修学するのに適している。そこで私はそこに坐した――『ここは修学に適する』と考えて。」

ウルヴェーラーの自然環境に関する叙述は、今日のその地方にもなおよく適合している。漢訳によるとセーナー村は「バラモン村」（「梵志村」）であったという。すなわちバラモンのみが共住して一つの村をつくっていたのである。もしそれが事実であるなら、ゴータマはバラモン教の諸種の修行法に接続して自己の修行を展開したことが知られる。

森林の中でひとり修行するということは、やはり勇気を要することであった。後年の釈尊の回想のうちには次のように述べられている。釈尊がサーヴァッティーのジェータ林にいたときに、ジャーヌッソーニ・バラモンがいった、「君ゴータマよ。森林に隠棲し、僻陬《へきすう》の地にひとりいることは堪え難い。遠ざかり離れることはなし難い。ひとり住むのは楽しみがない。森林は、精神統一をえていない修行者の心を奪うものだと思います。」と。

これに対して釈尊が答えていうには、「バラモンよ。私もまた正覚をえない以前に、いまだ悟りを開いていないボーディサッタであったときには、それと同じことを考えました。」

山林にひとり住むということに、ゴータマも恐怖心をいだいたのであった。

「バラモンよ。その私に次のような考えが起こりました――いかなる道の人あるいはバラモンでも、身の行い・口の行い・心の行い・生活がいまだ完全に清まっていないとき、森林に隠棲し、僻陬の地にひとりいるならば、彼らはその身の行い・口の行い・心の行い・生活がいまだ完全に清まっていないで汚れていることによって、彼ら道の人・バラモンは不善の恐怖と驚きを招く。しかし私は身の行い・口の行い・心の行い・生活がいまだ完全に清まっていないのに、森林に隠棲し僻陬の地にひとりいるのではない。私は身の行い・口の行い・心の行い・生活が完全に清まっている。否、身の行い・口の行い・心の行い・生活が清まった聖者で森林のうちに隠棲し、寂しいところにひとりいる人々のうちのひとりである。バラモンよ、私は身の行い・口の行い・心の行い・生活が清まっていることを自身のうちに認めたので、森林に住むことにますます確信をえた。」

次に同様の文句をくり返す。それを整理しまとめると次のようになる。

「いかなる道の人あるいはバラモンでも貪欲で強烈に愛欲にふけり、瞋恚《しんい》心《しん》あり、悪い意欲あり、沈鬱・睡眠にまつわられ、心がざわざわして静まらず、惑い疑い、自己を讃め他人をそしり、驚愕し恐れおののき、利益・尊敬・評判をえようと欲し、怠けて努力せず、失念し不注意で、心が統一せず、散乱していて、愚鈍闇昧で、森林に隠棲し、僻陬の地にひとりいるならば、彼ら道の人・バラモンたちは、じつに貪欲で強烈に愛欲にふける汚れにより、瞋恚心あり悪い意欲の汚れにより、沈鬱・睡眠にまつわられている汚れにより、心がざわざわして静まらぬ汚れにより、惑い疑う汚れにより、自己を讃め他人をそしる汚れにより、利益・尊敬・評判をえようと欲する汚れにより、怠けて努力せぬ汚れにより、失念し不注意である汚れにより、心が統一せず散乱している汚れにより、愚鈍闇昧である汚れによって、彼ら道の人・バラモンは不善の恐怖と驚きを招く。しかし私は、貪欲で強烈に愛欲にふけっているのに、瞋恚心あり悪い意欲があるのに、沈鬱・睡眠にまつわられているのに、心がざわざわして静まらないのに、惑い疑っているのに、自己を讃め他人をそしっているのに、驚愕し恐れおののいているのに、利益・尊敬・評判をえようと欲しているのに、怠けて努力しないのに、失念し不注意であるのに、心が統一せず散乱しているのに、愚鈍闇昧であるのに、森林に隠棲し、僻陬の地にひとりいるのではありません。私は貪欲ならず、慈心あり、沈鬱・睡眠を離れ、心静まり、疑いを超え、自己を讃めることなく、他人をそしることなく、身の毛のよだつことなく、少欲であり、努め励み、専念し、精神を統一し、智慧をそなえている。否、私は、貪欲ならず、慈心あり、沈鬱・睡眠を離れ、心静まり、疑いを超え、自己を讃めることなく、他人をそしることなく、身の毛のよだつことなく、少欲であり、努め励み、専念し、精神を統一し、智慧をそなえている聖者で、森林のうちに隠棲し、寂しいところにひとりいる人々のうちのひとりなのです。バラモンよ、私は、貪欲ならざること、慈しみの心、沈鬱と睡眠を離れていること、静まった心、疑いを超えたこと、自己を讃めず他人をそしらぬこと、身の毛のよだつことのないこと、少欲なること、努め励むこと、専念せること、精神統一をそなえていること、智慧をそなえていることを、自身のうちに認めたので、森林に住むことにますます確信をえた。」

非常に長い文章でくり返しが多いが、自分は精神が確立しているから、ひとり森林の中に住むのを恐れない、というのである。

「バラモンよ。かくて、私は次のように思った——さあ、私は特定の夜、すなわち半月の十四日、十五日および八日の夜に、園林の霊域、森林の霊域、樹下の霊域など、恐ろしくて身の毛のよだつところに床や座を設けてとどまろう。そうして確かに恐怖とおののきを見るであろう。」

そうして彼はそのとおり実行した。そのとき、

「そこにいる私に対して獣は近づき、クジャクは木の枝を落とし、風は落ち葉を吹き動かした。そのとき私は次のように考えた。——『これはじつにかの恐怖とおののきがくるのだ。』と。かくして私は次のように考えた。——『そもそも私は何ゆえに恐怖を待ち受けているのか？　私はむしろ如実に恐怖やおののきが迫ってくるがままに、その恐怖やおののきを排除すべきではないか。』と。バラモンよ、かくて私がそぞろ歩きし、立ちどまり、坐し、横臥しているときに、その恐怖とおののきとが迫ってきた。」そこで「私は（それぞれ）そぞろ歩きし、立ちどまり、坐し、横臥しているときに、その恐怖

とおののきとを除去した。」

恐怖心やおののきを取り去ろうとすればするほど、人はそれに取りつかれる。もう恐怖からのがれる道はないのだと思ってそれと対決すると、人は恐怖のなかに安住することができる。そうすることによってのみ、恐怖を斥けることができる。われわれ凡夫のたどる道――それがまた人間ゴータマのたどった道であった。

第四章　真理を悟る

一　悟りを開く

釈尊はウルヴェーラーで、後にブッダガヤーと呼ばれる場所で修行していたが、彼はここで「アシヴァァッタ樹の根もとで悟りを開いた。」といわれる。これは正覚《しょうがく》と呼ばれるが、彼の生涯のうちで思想的にもっとも重要な出来事である。

修行者が木の下で木の陰に蔽われながら坐して修行するということは、インドでは古くから行なわれていて、原始仏教聖典にもしばしば言及されている。とくにアシヴァァッタ樹（イチジク）のもとで瞑想したということは、意味が深い。インドでは古来この木はとくに尊敬されていて、アタルヴァ・ヴェーダの古歌においても不死を観察する場所であるとされている。「不死」とは天の不死の甘露を意味するが、また精神的な究極の境地をも意味する語である。この木はウパニシャッドやバガヴァッド・ギーター、その他インドの諸文芸作品において、葉や根が広がるという点でふしぎな霊樹であると考えられた。だからゴータマ・ブッダがとくにこの場所を選んだということは、仏教以前からあった民間信仰のこの伝承につながっているのである。そうして釈尊がこの木の下で悟りを開いたから、アシヴァッタ樹は俗に「ボダイジュ（菩提樹）」と呼ばれるようになった。

釈尊の成道の日については、南方仏教の伝えによると「ヴィシャーカ月の満月の日」と記されている。これは太陽暦に直すと五月の満月の日にあたる。だから南方仏教諸国では五月にこの日を盛大に祝うのである。ところで、ヴィシャーカ月はインドの暦によると第二の月にあたるので、漢訳諸仏典では「二月八日」と記していることが多い。シナの暦法はしばしば変わったが、周の暦法によると、陰暦の十一月を第一の月として数えるので、第二月の八日はつまり陰暦十二月八日となる。それを受けて日本では釈尊の成道を十二月八日に祝うことになったのである。

古い伝説に従って彼が二十九歳で出家し、七年修行したとすると、彼はそのとき三十六歳であったことになるし、やや遅い伝承に従って六年間修行したということに考えると、三十五歳であったということになる。ただこれは概数であり、細かなことはわからない。

二　何を悟ったか?

では釈尊はそこで何を悟ったのであるか。悟りの内容はいかなるものであったか?

ふつうよく引かれるのは、律蔵の記述に従って釈尊が十二因縁《じゅうにいんねん》の理を観じて悟ったということである。しかし十二因縁の説よりも以前にもっと簡単なかたちの縁起説《えんぎせつ》が成立していて、それにもとづいて種々の縁起説が成立し、最後に十二因縁の説の成立したことが立証されているから、右の説は歴史的事実であるとは考えられない。

そこで経典のなかに、釈尊自身が、あるバラモンに語った言葉として伝えられている他の説を検討しよう。

「我はじつに努め励み、確乎たる努力をした。念いは確立していて失われることなく、身体は軽やかで激することなく、心は統一されていた。我は欲望を離れ、不善の事がらを離れ、粗なる思慮あり、微細な思慮があったが、遠離から生じた喜楽である初禅を成就していた。(次に) 粗なる思慮と微細な思慮との止滅のゆえに内心が静安となり、心が統一し、粗なる思慮なく微細な思慮なく、定《じょう》から生じた喜楽である第二禅を成就していた。(次に) 喜びに染まないがゆえに、平静 (無関心) であり、念い、正しく気づかい、身体で安楽を感受していた。すなわち聖者が『平静であり、念あり、安楽にとどまっている。』と説くところの第三禅を成就していた。(次いで) 楽を捨て苦を捨てるがゆえに、先に喜びと憂いとを滅したので不苦不楽であり、平静と念とによって清められている第四禅を成就していた。

かくのごとく心が統一され、清浄《しょうじょう》で、清らかで、よごれなく、汚れなく、柔らかで、巧みで、確立し不動となったときに、過去の生涯を思い起こす智に心を向けた。かくして我は種々の過去の生涯を思い起こした。すなわち、『一つの生涯、二つの生涯、三つの生涯、四つの生涯、五つの生涯、十の生涯、二十の生涯、三十の生涯、四十の生涯、五十の生涯、百の生涯、千の生涯、百千の生涯を、幾多の宇宙成立期、幾多の宇宙破壊期、幾多の宇宙成立破壊期を。我はそこにおいて、これこれの名であり、これこれの姓であり、これこれの種姓であり、これこれの食をとり、これこれの苦楽を感受し、これこれの死に方をした。そこで死んでから、かしこに生まれた。』と。」

次のかしこに生まれてからも、また同様のことを思い起こした。

「かくのごとく、我はその一々の相および詳細の状況とともに幾多の過去の生涯を思い起こした。これが夜の初更において達せられた第一の明知である。ここに無明《むみょう》が滅びて明知が生じたのである。闇黒は消滅して、光明が生じた。それが努め励み努力精励しつつある者に現われるがごとくに。」

「かくのごとく心が統一され、清浄で、清らかで、よごれなく、汚れなく、柔らかで、巧みで、確立し不動となったときに、もろもろの生存者の死生を知ることに、我は心を向けた。すなわち我は清浄で超人的な天眼をもって、もろもろの生存者が死にまた生まれるのを見た。すなわち卑賤なるものと高貴なるもの、美しいものと醜いもの、幸福なものと不幸なもの、としてもろもろの生存者がそれぞれの業に従っているのを見た。――『じつにこれらの生存者は身に悪行をなし、言葉に悪行をなし、心に悪行をなし、もろもろの聖者をそしり、邪《あやま》った見解をいだき、邪った見解にもとづく行為をなす。彼らは身体が破壊して死んだあとで、悪しきところ、堕ちたところ、地獄に生まれる。また他のこれらの生存者は、身に善行をなし、言葉に善行をなし、心に善行をなし、もろもろの聖者をそしらず、正しい見解をいだき、正しい見解にもとづく行為をなす。彼らは身体が破壊して死んだあとで、善いところ、天の世界に生まれる。』と。

我はかくのごとく清浄で超人的な天眼をもって、もろもろの生存者が死にまた生まれるのを見た。すなわち卑賤なるものと高貴なるもの、美しいものと醜いもの、幸福なものと不幸なもの、としてもろもろの生存者がそれぞれの業に従っているのを見た。バラモンよ、これは我が夜の中更（第二更）に達した第二の明知である。ここに無明が滅して、明知が生じたのである。闇黒は消滅して光明が生じた。それが努め励み努力精励しつつある者に現われるがごとくに。」

「かくのごとく心が統一され、清浄で、清らかで、よごれなく、汚れなく、柔らかで、巧みで、確立し不動となったときに、もろもろの汚れを滅す智（漏尽智《ろじんち》）に心を向けた。そこでこの（いっさいは）苦であると如実に知った（以下四諦に関連して説いているが、漢訳にはないから、後世の付加であろう）。我がかくのごとく知り、かくのごとく見たときに、心は欲の汚れから解脱し、心は生存の汚れから解脱し、心は無明の汚れから解脱した。解脱し終わったときに、『解脱した』という智が起こった。『生は尽き果てた。清浄行が完成した。なすべきことはすでになされた。もはやかかる生存の状態に達することはない。』と知り終わった。バラモンよ、これが夜の最後の更（第三更）において達せられた第三の明知である。ここに無明が滅びて、明知が生じたのである。闇黒は消滅して、光明が生じた。それが努め励み努力精励しつつある者に現われるがごとくに。」

この経典の文句は非常に長たらしいが、そのいうところは、けっきょく四禅すなわち四種の禅定を完成して、衆生の運命を見きわめたというところに帰するわけである。とくに肉眼をもって神の本性を見ることはできないから「天眼をもって見よ。」という教えは、インド教の国民的聖典バガヴァッド・ギーターに説かれているが、仏教もこれと同じような思想を取り入れているのである。

また他の経典では、

「我が、正覚よりも以前に、いまだ悟りを開かず、ボーディサッタであったときに、このように考えた。――『今我はそれぞれ二種類にして思慮のうちにとどまろう。』と。かくして我は、欲の思慮と、瞋《いか》りの思慮と、害の思慮とを一つの部分とし、離欲の思慮、無瞋の思慮、無害の思慮を第二の部分とした。」

といい、そうしてそのいちいちを説明したあとで、四禅を成就したことをいうが、その内容は前に引用した文句とほぼ同じである。他の経典でも同様にいう。ところで四禅の説は古い詩句のうちには述べられていないから、おそらく仏教がかなり発達してから右のような長々しい経典の説明も成立したのであろう。

三　苦行を捨てる

釈尊は苦行を捨ててから悟りを開いた、と一般にいわれているが、やや遅いある経典によると、晩年の釈尊が弟子サーリプッタに向かって過去の回想を述べるかたちで、自分が若いときにものすごい苦行を行なったことを述べている。そこには当時のありとあらゆる苦行が述べたてられているが、けっきょくそれらは意味のないものであった。

「その行動、その実践、その難行によっても、私は人間の性質を超えた特別完全な聖なる智見に到達しなかった。それは何ゆえであるか？　この聖なる智慧がいまだ達せられていなかったからである。この聖なる智慧が達せられたならば、それは出離に導くものであり、それを行なう人を正しく苦の消滅に導いてゆく。」

釈尊が苦行を捨てたことは、『大サッチャカ経』ではさらに具体的に述べられている。釈尊が、アーラーラ・カーラーマとラーマの子・ウッダカに教えを問うたが、満足しえなかったので、みずから厳しい苦行を修したことを説いたあとで、いう。

「そのとき私はこう考えた、――『このように極度にやせた身体では、かの安楽はえ難い。さあ、私は実質的な食物である乳糜《にゆうび》をとろう。』と。そこでわれわれは実質的な食物である乳糜をとった。そのとき私には五人の修行者が近づいて、『修行者ゴータマがもしも法をうるならば、それを我らに語るであろう。』といっていた。ところで私は実質的な食物である乳糜をとったから、その五人の修行者は私を嫌って、『修行者ゴータマは貪るたちで、努め励むのを捨てて、贅沢になった。』といって、去っていった。

そこで私は実質的な食物をとって、力をえて、もろもろの欲望を離れて、不善なる事がらを離れ、粗なる思慮あり、微細な思慮あり、遠離から生じた喜楽である初禅を成就していた。」


次に四禅をいちいち成就したことを述べている。

この経典には漢訳がない。このパーリ文もかなり遅い編纂ではないかと思われるが、苦行を捨てたということは、この新しい層になって、はじめて詳しく出てくる。

この五人の修行者は、後代のある仏伝によると、ウッダカのもとで修行していたが、ゴータマが短時日の間に師の究極の境地にまで達しえたことを知って、師を捨ててゴータマに従っていたという。ゴータマとこの五人の修行者とはガヤー山頂に向かい、「山頂において一樹の下にあって、草を敷いて坐し、思惟をなした。」ついで彼らは「ウルヴェーラーの池の側の東面に至り、ネーランジャラー川を見た。」という。

また、「乳糜をとった。」というが、後代の仏伝によると、ウルヴェーラーのセーナーニー村の長者の女でスジャーター（善生）という少女が乳糜をささげたのだという。他の仏伝によると、ウルヴェーラーの「聚落主」でセーナーパティという人に十人の童女があり、「諸女はすでに菩薩が苦行を捨ておけるを知り、すなわち種々の飲食をつくって奉献せり。いまだ多くの日をへざるに、（彼の）色相は光悦なり。」十人の童女のうちもっとも若い人がスジャーターであった。このように苦行を捨てたという伝説がしだいに発展増広していっている。

最初期の仏教は苦行をほめたたえていた。仏教徒も苦行を行なわねばならぬということを明言している。しかしおそらく実質的には他の諸宗教よりもらくな修行を行なっていた。仏教徒は最初からジャイナ教徒の苦行との間には、はっきりと一線を画していた。最古層の仏典によると、ニガンタの徒は次のようにいった。

「厭離者にして聡明な修行者は、四種の制戒によってよく守り、見たり聞き学んだことを説いている。彼にはじつに罪は存在しないであろう。」

「厭離者」とは注によると「苦行によって悪を厭い離れる者」であり、四種の制戒とは、（1）「すべて冷水を用いない。」（2）「すべて悪を斥ける。」（3）「すべて悪を斥けることによって悪を離れる。」(4)「すべての悪を離れることに達する。」をいう。

「ナータ族のニガンタは私に次のようにいった。──『ニガンタ』(束縛を離れた人)はここに四種の戒による制御をもって制している。大王よ、ニガンタはいかにして四種の戒による制御をもって制するのであるか？ ニガンタはここにすべての(冷)水を用いることを禁じ、またすべての水を離れ、またすべての水を除去し、またすべての水にみたされている。じつにかくのごとくニガンタは四種の戒による制御をもって制している。じつにニガンタはかくのごとく四種の戒による制御をもって制しているのであるから、この人は『ニガンタ』(束縛を離れた人)、『自己が(究極に)達した人』『自己を制した人』『自己の安住せる人』と呼ばれるのである。」

「ナータ族のニガンタは、かくのごとく、道の人としての実践生活の現に経験される果報を問われても、つねに四種の戒による制御を説いた。」

水に関して厳しく禁令を守っていたのであり、このことはジャイナ教の聖典にも記されている。冷水の中には小さな虫がいるかもしれないので、それを飲んで殺生の罪を犯すことのないようにとくに注意していた。また今日でもジャイナ教の行者は、仏教の僧と同様に午後に食事しないのみならず、午後には水も飲まない。

しかしこういう厳しい苦行は、仏教徒の採用しないものであった。もちろん経典の最古層においては、いまだ諸宗教の実行する苦行に対する意識的反撥は現われていない。ところが他の諸宗教すなわちジャイナ教、アージーヴィカ教などはこの点をついて、仏教徒は怠けているといったので、仏教徒は自己の態度を擁護し主張する必要が起こった。そこで「中道」が意識的に説かれるようになり、釈尊が修行中に苦行を捨てたという伝説が積極的に発展せしめられたのであろう。だから釈尊の悟りを中道と結びつけてはっきり説くようになったのも、やはり後世のことであろう。そうしてこの中道の観念は、後世の仏教では非常に重要なものとなった。

また他の経典では、人生が、生まれ、老い、病い、死、憂い、汚れにみちたものであることをいとうてニルヴァーナをえたと説いている。

「修行僧らよ。かくして私はみずから生ずるたちのものでありながら、生ずる事がらのうちに患いを見て、不生なる無上の安穏・安らぎ（ニルヴァーナ）を求めて、不生なる無上の安穏・安らぎをえた。みずから、老いるもの・病むもの・死ぬもの・憂うるもの・汚れたものであるのに、老いるもの・病むもの・死ぬもの・憂うるもの・汚れたもののうちに患いのあることを知って、不老・不病・不死・不憂・不汚なる無上の安穏・安らぎを求めて、不老・不病・不死・不憂・不汚なる無上の安穏・安らぎをえた。そうして我に知と見とが生じた――『わが解脱《げだつ》は不動である。これは最後の生存である。もはや再び生存することはない。』と。」

四　ゴータマの悟りの思想史的意義

パーリ聖典では、釈尊が悟りをえたことの回顧の直後に、釈尊が説法を躊躇したが、梵天の懇願により説法するにいたったことを記す一段があるが、漢訳相当文にはこれがないから、この一段は後世の付加である。ことにこの一段では「縁起の理法は難見である」云々を説いているが、この経典では悟りの内容として縁起を説かず、ただ「不老・不病・不死・不憂・不汚なる無上の安穏」を説いていることと一致しない。ゆえに挿入であるということは一見して明らかである。

このように悟りの内容に関して経典自体の伝えているところが非常に相違している。いったいどれがほんとうなのであろうか。経典作者によって誤り伝えられるほどに、ゴータマのえた悟りは、不安定、曖昧模糊たるものであろうか？　仏教の教えは確立していなかったのであろうか？

まさにそのとおりである。釈尊の悟りの内容、仏教の出発点が種々に異なって伝えられているという点に、われわれは重大な問題と特性を見出すのである。

まず第一に仏教そのものは特定の教義というものがない。ゴータマ自身は自分の悟りの内容を定式化して説くことを欲せず、機縁に応じ、相手に応じて異なった説き方をした。だから彼の悟りの内容を推し量る人々が、いろいろ異なって伝えるにいたったのである。

第二に、特定の教義がないということは、けっして無思想ということではない。このように悟りの内容が種々異なって伝えられているにもかかわらず、帰するところは同一である。既成の信条や教理にとらわれることなく、現実の人間をあるがままに見て、安心立命の境地をえようとするのである。それは実践的存在としての人間の理法（ダルマ）を体得しようとする。前掲の長々しい四禅の説明もけっきょくはここに帰着する。説明が現代人からみていかに長たらしく冗長なものとして映ずるにしても、成心を離れて人間のすがたをありのままに見ようとした最初期の仏教の立場は尊重さるべきである。

　第三に、人間の理法（ダルマ）なるものは固定したものではなくて、具体的な生きた人間に即して展開するものであるということを認める。実践哲学としてのこの立場は、思想的には無限の発展を可能ならしめる。後世になって仏教のうちに多種多様な思想の成立した理由を、われわれはここに見出すのである。過去の人類の思想史において、宗教はしばしば進歩を阻害するものとなった。しかし右の立場は進歩を阻害することがない。仏教諸国において宗教と合理主義、あるいは宗教と科学との対立衝突がほとんど見られなかったのは、最初期の右の立場に由来するのであると考えられる。

第五章　真理を説く

一　人々とともに

パーリ文『律蔵』によると、世尊は悟りを開いてから七日間ボダイジュ（菩提樹）のもとで三昧にはいっていたが、七日を過ぎて後、その三昧から立ち、ボダイジュの下から出てアジャパーラ榕樹のところに赴いて、その下で結跏趺坐したまま七日の間解脱の楽しみを受けつつ坐していた。そのとき一人の傲慢なバラモンがやってきたのを感化した。その後釈尊はムチャリンダ樹のもとに赴き、その下で同じく結跏趺坐したまま七日の間解脱の楽を受けながら坐していた。そのときムチャリンダ竜王が世尊に帰依した。それから世尊はそこから出てラージャーヤタナ樹のところに赴き、その下で同じく結跏趺坐したまま七日の間解脱の楽を受けつつ坐していた。そのとき夕プッサ、バッリカという二人の商人がウッカラ村からこの地にきて、釈尊を敬礼し、一方に立ち、釈尊に向かっていった。「尊師よ。願わくは我らのために麨子・蜜丸を受け、我らをして長く利益・安楽をえせしめたまえ。」と。そうしてこの二人の商人は釈尊がすでに（食し終わって）鉢と手とを洗うのを見て、頭面をもって釈尊の足を礼拝し、彼にいった。「ここに我らは尊師と法とに帰依し奉る。尊師よ。我らを在俗信者として受け入れたまえ。今日より始めて命の終わるまで帰依し奉る。」と。彼らは、世間においてはじめて（仏と法とに対する）二帰依を唱えて在俗信者になったという。

律蔵の記述のなかから神話的な付加や重複を取り去って紹介すると右のごとくである。後代の仏伝では、細かな点で相違しているし、もっと誇張した表現説明がなされている。

聖者が木の下に坐して坐禅を行なっていると、世人はただ尊敬して、飲食を供してゆく。かならずしも言葉を交わさなくてもよい。だからこそ、言葉の通じない行者たちが広いインドの内を遍歴することができるし、また現代でもインドの言葉を知らないシナ人やチベット人の行者が、インドの俗人たちから飲食を供養されて生きてゆけるのである。

釈尊が二人の商人から食物の供養を受けて、「鉢と手とを洗った」という描写も写実的である。これは今でもインドないし南方アジアの仏教僧侶の行なっていることである。インド人は箸やフォークを使わないで右手の指で食べるから、どうしても食後に手を洗う、ということが必要になるのである。

「尊師と法とに帰依し奉る」ということも、そのとき二人の商人が実際にそういったかどうかわからないが、これも古い思想を伝えている。普通学者は、このときにはまだサンガが成立していなかったから、三宝《さんぼう》に帰依するとはいわなかったのだと解釈する。しかし『スッタニパータ』のような古い仏典によると、サンガが成立したあとでも、古い時代には「サンガに帰依する」ということはいわないで、ただ「仏」と「法」とに帰依することを表明している。三宝に対する帰依を表明するようになったのは、すこしく後の時期になってからのことである。

ときに律蔵および経典によると、釈尊は悟りを開いて後、自分の悟ったことを世間の人々に説くのを躊躇したが、梵天のすすめで世人のために説くことを決心したという。これについて律蔵の散文の説明は明らかに後世のものであるが、そこにあげられている詩句はやや古いものである。それによると、釈尊はまず次のように説法をためらったという。

「困苦してわたしが証得したことも、
今またどうして説くことができようか。
貪りと瞋りに悩まされた人々が、
この法を悟ることは容易ではない。
これは世の流れに逆らい、至微であり、
深遠で見がたく、微細であるから、
欲に執著し闇黒に覆われた者どもは見ることができない。」

これに対して梵天は次のようにいって釈尊に説法をすすめた。

「汚れある者の考えた不浄な教法がかつてマガダ国に出現しました。
願わくはこの甘露の門を開き
無垢なる者の悟った法を聞かせてください。
たとえば山の頂の巌に立って
あまねくもろ人を見るように、

智慧のすぐれたあまねく眼ある人よ、
あなたは法よりなる高楼に上り、
みずからはすでに憂いを超えておられるのですから、
願わくは、憂いに沈み生と老におそわれているもろ人を見そなわせたまえ。
立て、英雄よ、戦勝者よ、
隊商の主よ、負債なき人よ、世間を歩みたまえ。
世尊よ、法を説きたまえ、
悟る者がいるでしょう。」

そこで釈尊は梵天に対して答えた。

「彼らに甘露の門は開かれた。
耳ある者は聞け、（おのが）信仰を捨てよ。
梵天よ。人々を害するであろうかと思って、
微妙な法を人々には説かなかったのだ。」

あまねく人々に対して教えを説くということは、当時のインドとしてはまさに未曾有のことであった。これがウパニシャッドの哲人の場合と比較してみると、よくわかる。これらの哲人は、教えを授ける相手を狭く限って、自分の子とか、あるいは教えを受ける資格あるすぐれた人々に対してのみ教えを説いた。ところがゴータマ・ブッダはこの制限を破ってしまった。しかしその因襲的な制限の破棄を行なうには、ゴータマ・ブッダは相当に決断と勇気を必要としたことであろう。そうしてその決断と勇気とを可能ならしめるためには、ゴータマの心の中で、梵天の勧めの幻聴が実際にあったのかもしれない。

ところで思想を人々に知らせるということも一気になされたのではない。まず自分の信頼しうる親しい仲間との対話を通路とせねばならなかった。まず親しい人々の賛成をえねばならなかった。この間の事情についてある経典にはそのときの釈尊の反省がもろもろの修行僧に向かって詳しく述べられている。

「そのとき私はこのように思った。——『私はまず第一に誰に対して法を説くべきであろうか。誰がこの法を速やかに理解するであろうか。』と。そこで私はこのように考えた。――『じつにこのアーラーラ・カーラーマは賢者で、識見あり、聡明で、長い間無垢の性の人である。さあ、私はアーラーラ・カーラーマに最初に法を説こう。彼はこの法を速やかに理解するであろう。』と。さてある神が私のもとに近づいてこういった。――『賢者よ。アーラーラ・カーラーマが死んでから七日になります。』と。私にもまた『アーラーラ・カーラーマが死んでから七日になる。』という知と見とが生じた。そこで私はこう思った。――『じつにアーラーラ・カーラーマは天性すぐれた人であった。もしも彼がこの法を聞いたならば、速やかに理解しうるであろうのに。』と。そのとき私はまた次のように考えた。――『私はまず第一に誰に対して法を説くべきであろうか。誰がこの法を速やかに理解するであろうか。』と。そこで私はこのように考えた。――『じつにこのラーマの子・ウッダカは賢者で、識見あり、聡明で、長い間無垢の性の人である。さあ、私はラーマの子・ウッダカに最初に法を説こう。彼はこの法を速やかに理解するであろう。』と。さてある神が私のもとに近づいてこういった。――『賢者よ。ラーマの子・ウッダカは昨夜死にました。』と。私にもまた『ラーマの子・ウッダカは昨夜死んだ。』という知と見とが生じた。そこで私はこう思った。――『じつにラーマの子・ウッダカは天性すぐれた人であった。もしも彼がこの法を聞いたならば、速やかに理解しうるであろうに。』と。そのとき私はまた次のように考えた。――『私はまず第一に誰に対して法を説くべきであろうか。誰がこの法を速やかに理解するであろうか。』と。そこで私はこのように考えた。――『私が修学に努めていたとき、私に仕えてくれた五人の修行者たちの群れは私のために多くの益をなしてくれた。さあ、私はまず第一に五人の修行者の群れに法を説こう。』と。そのとき私はこのように考えた。――『そもそも五人の修行者の群れは今どこにいるのだろうか。』と。私は清浄で超人的な天眼をもって五人の修行者の群れがバーラーナシー（ベナレス）の仙人の住処・鹿の園のうちに住んでいるのを見た。そこで私はウルヴェーラーに住みたいだけ住んで後、バーラーナシーに向かって遊歩の歩みを進めた。」

すなわち釈尊はかつて交わりのあった人々を思い起こして、まず彼らに自分の悟りを伝えようとしたのである。そうしてベナレスに向かって歩み始めたが、アージーヴィカ教徒であるウパカに出会った。アージーヴィカ教はアショーカ王のころまでは、仏教・ジャイナ教と並んだ大宗教であったが、ゴータマ・ブッダの時代にゴーサーラを奉ずる徒は次のようにいっていた。

「苦行と悪をいとい離れることにより、自己をよく慎み、人々との争論を捨てて、罪を離れ、平等で、真実を語る人である。彼はじつにそのような悪をなすことがない。」

右の言からみると、ゴーサーラの徒はとくに苦行を行なっていたもののごとくである。また彼は宿命論者でもあった。

「マッカリ・ゴーサーラは次のようにいった。――『生けるものどもが汚れるについては、因もなく、縁もない。生けるものどもは、無因無縁にして汚れているのである。また生けるものどもが清められるについては、因もなく、縁もない。生けるものどもは、無因無縁にして清まるのである。(生けるものどもがいかなる状態となるにも、すべて)自己がつくり出すこともなく、他人がつくり出すこともなく、人間がつくり出すこともない。(またそれに対して)力は存在せず、意志は存在せず、人間の威力は存在せず、人間の努力は存在しない。すべての存在者、すべての生きもの、すべての生類、すべての命あるものは、支配力なく、力なく、意志なく、運命と境位と本性とによって支配されて、六つの階級のうちのいずれかにおいて苦楽を感受するのである。』

　またじつにこれらの百四十万の生まれの種類あり、また六千の〔生まれの種類〕あり、また六百の〔生まれの種類〕あり、五百の業あり、五つの業あり、三つの業あり、一つの業あり、半分の業あり、六十二の道あり、六十二の中劫あり、〔人間の間に〕六つの階級あり、人間としての八つの階梯あり、四千九百の生活法あり、四千九百の遍歴者あり、四千九百の、竜の居住する領域あり、二千の機官あり、三千の地獄あり、三十六の塵の積もる場所あり、七つの、意識ある胎生者あり、七つの、意識なき胎生者あり、七つの、節なき胎生者あり、七つの山あり、七百の山あり、七つの嶮あり、七百の嶮あり、七つの夢あり、七百の夢あり。また八百四十万の大劫あり、その間に愚者も賢者も流転し輪廻して、〔ついに〕苦の終りをなすであろう。この期間には『我はこの戒行または誓戒または苦行または清浄行によっていまだ熟していない果報を熟せしめるであろう。あるいはすでに熟した業を漸次離脱してすっかり除去するであろう。』〔という希望の実現されることが〕ない。かくのごとく、桝によって量り定められた苦と楽とが輪廻のうちにおいて終末に達することがない。またそれの盛衰もなく増減もない。あたかも糸毬が投げられると、解きほごされて糸の終わるまで転がってゆくように、愚者も賢者も流転し輪廻してついに苦の終りをなすであろう。」

「マッカリ・ゴーサーラはかくのごとく、道の人としての実践生活の現に経験される果報を問われても、つねに輪廻による浄化〔の説〕を説いた。」

宿命論者が苦行を行なっていたというのは奇妙に聞こえるが、おそらく、苦行によって実現されうるかぎり自己を清めようとしたのであろう。

ところでこういう教えを奉じていたひとりがゴータマのもとにやってきたのである。ゴータマはいう、

「アージーヴィカ教徒であるウパカは、私がガヤーとボダイジュとの間の街道を歩んでゆくのを見た。見てから、私にこのようにいった、――『尊者よ、あなたのもろもろの機官は清浄であり、皮膚の色は清らかで純白であります。尊者よ。あなたは何をめざして出家したのですか。あなたの師は誰ですか？　あなたは誰の法を信受しているのですか？』と。こういわれたときに、私はアージーヴィカ教徒であるウパカに詩句をもって答えた。――

我はいっさいにうち勝った者、いっさいを知る者である。

いっさいの物事に汚されていない。

すべてを捨てて、愛執がなくなったときには解脱している。

みずから知ったならば、誰を（師と）めざすであろうか。

我には師は存在しない。我に似た者は存在しない。

神々を含めた世界のうちに、我に比敵しうるものは存在しない。

我こそは世間において尊敬さるべき人である。我は無上の師である。

我は唯一なる正覚者である。我は清浄となり、安らいに帰している。

法輪を転ぜんがために、私はカーシー（ベナレス）の町にゆく。

盲闇の世界において不死の鼓をうたう。

〔ウパカがいった〕——尊者よ、あなたが主張されるように、あなたは無限の勝者たるべきですか？

〔私は答えた〕——煩悩を消滅するにいたった人々は、私に等しい勝者である。私は悪しき性を克服した。

それゆえに私は勝者である。ウパカよ。

このようにいわれたときに、アージーヴィカ教徒であるウパカは『尊者よ、そうかもしれない。』といって、頭を振ってわき道をとって去っていった。」

これは当時の有力な宗教アージーヴィカ教によって代表される宗教的伝統や因襲を断ち切って、ゴータマが「みずから知る」ことによって、人間の真理を人々に伝えようとしたことを示している。だから彼には師が存在しない。この確信にみちた態度は、われわれに後世シナの禅僧の言葉を思い起こさせるものがあるではないか。

二　ベナレスへ

それから彼は幾多の村を経てベナレスへ向かって進んでゆくのであるが、どこの村でも「みな長者・居士に飲食を奉献された。」これは当時宗教家が世人から遇せられるしかたであった。

やがてガンジス川のほとりに達したのであるが、そのとき河水が増大して岸にみちていた。

ゴータマは川を渡ろうとして船頭にいった、

「川を渡りたいのですが。」

船頭は答えた、

「私にお金をくだされば、渡してあげますよ。」

ゴータマはいった、

「私はお金が無いのです。」

船頭は答えた、

「お金が無ければ渡してあげられませんね。」

そこで釈尊は虚空にとび上がって、かなたの岸に達した、という。

右の話は、後代の仏伝に出ているることを直訳したものである。あまりに写実的に書かれているので、おそらく事実を伝えているのであろう。ところで神通力によってかなたの岸に達したという文は、いったい何を意味するのであろうか。ガンジス川のかなたの岸に達するためには誰か世俗人が料金を払ってくれたか、あるいはむりに船に乗りこんだので、船頭も嫌とはいえず、そのままかなたの岸に連れていってくれたか、どちらかであったにちがいない。

筆者はおそらく後者であったろうと思う。そのわけは、もしも誰か世俗人の通行客が代わって払ってくれたのなら、仏伝はその行いを偉大な美徳としてその世俗人をたたえるであろう。ところが仏伝は何も記していない。

だまって乗ってしまうという行為は、現代日本人の目からみると非常に悪いことのように思われるであろう。しかしもっぱら世人の信施にたよって生活している南方アジアの仏教僧侶には、さほど悪いこととは思われないのである。現代でも南方諸国では仏教僧侶の旅行には特別の便宜が図られているし、ビルマ（ミャンマー）では高僧は乗車料金を免除されている。だから南方アジアの仏教僧侶は、えてしてずうずうしくなり、他の国の人々に嫌われることもある。のみならず古代インドの法典によると、「二カ月以上の妊娠者・遍歴者・森の隠者およびヴェーダの学生たるバラモン族には渡船場において通行税を支払わせてはならぬ。」（マヌ八・四〇七）という規定がある。これと類似した思想は最近代文明国にも保存されていて、アメリカではあらゆる宗教の宗教家には乗車乗船料金の割引の特典があるほどである。しかし日本では宗教家に対する旅費の特典はないし、共産主義国も同様であろう。

さてこのときの船頭は宗教者に対する特権を否認する考え方にたっていたのである。ところがゴータマ・ブッダないし当時のインド人の社会常識は宗教者は金銭を手にしてはならず、したがって宗教者に運賃を請求してはならぬと考えていたのであろう。

仏伝に現われているこの小さなごたごたは、根を掘り下げてみると、じつは人類の思想史の大きな問題に通ずるのである。

三　はじめての説法

ゴータマの生涯において、ブッダガヤーにおいて悟りを開いたことに次いでの大事件は、ベナレスにおけるはじめての説法（転法輪《てんぽうりん》）である。彼はブッダガヤーで悟りを開いてからベナレスに赴いた。ところでブッダガヤーからベナレスまでは直線距離で百三十マイルほどあるから、街道を歩けば二百マイル近くあるであろう。ベナレスからガヤーまで現在急行列車でも約四時間かかる。たとい休みなく歩き続けたとしても、ベナレスへゆくには十日はかかったであろう。この長い距離を、ゴータマ・ブッダは何ゆえに徒歩しつつベナレスまで赴いたのであろうか。

ベナレスは古来宗教上の聖地と見なされている。ベナレスのことはヴェーダ聖典にはあまり出てこないようであるが、ヴェーダ聖典は概してガンジス川の上流地方でつくられたものであるから、それは当然であろう。しかし仏典によってみると、もう原始仏教時代には宗教的に特別の意義ある聖地として認められていた。ベナレスの郊外のサールナートには「鹿の園」（鹿野苑）と呼ばれる園があって、ゴータマ・ブッダを捨てたといわれる旧友五人がそこにいたので、彼らに会いにこの長い路を赴いたのである、と多くの仏伝は説明している。「鹿の園」と呼ばれるところは、今でもベナレスの郊外にあり、美しい芝生が広がっているが、昔はそこにシカがいたのであろう。今はそこに大菩提会によって寺院が建てられたが、その中の壁画は日本の野生司《のうす》香雪《こうせつ》画伯が筆を揮われたものであり、釈尊の生涯が描かれている。

だからベナレスへいって自分の思想を説くということは、今日でいえばまるで学者が学会の全国大会に出場して新説を提唱するのに比せらるべきであろう。「鹿の園」は「仙人の集まるところ」と呼ばれていたように、当時の宗教家の集合所であった。そうしてゴータマ・ブッダの教えが、近隣にやたらに説き広められたのではなくて、苦行に専念していた旧友を納得させることを出発点としていたということは、仏教がいきなり公開教として世人に直接に訴えたのではなくて、特殊な苦行者たちの間から徐々に発展したものであることがわかる。

釈尊の追憶にいう、――

「さて私は順次に遊歩して、ベナレス・仙人の住所・鹿の園なるところに、五人の修行者の群れのいるところに赴いた。五人の修行者の群れは、はるかに私がくるのを見た。見て相互に約束していった、――『聖者よ、道の人ゴータマがあそこにやってくる。贅沢で、努め励むのを捨て、贅沢に赴いた。彼に挨拶すべきではない。立って迎えてはならない。彼の衣鉢を受けてはならない。しかし座を設けてやらねばなるまい。もしも彼が欲するならば、坐しうるであろう。』と。

ところが私が近づくにつれて、五人の修行者の群れは、自分らの約束で制することができなかった。ある者どもは私を出迎えて衣鉢を受け取った。またある者どもは座を設けた。またある者どもは洗足の水を用意した。さらにまた私の名を呼び、また『卿《おんみ》よ』という呼びかけをもって話しかけた。このように話しかけられたときに、私は五人の修行者の群れにこのようにいった、――『修行者らよ。如来に呼びかけるのに名をいい、また〈卿《おんみ》よ〉という呼びかけをもって如来に話しかけてはならぬ。如来は尊敬さるべき人、正覚者である。修行者ども、耳を傾けよ。不死がえられた。私は教えるであろう。私は法を説くであろう。汝らは教えられたとおりに行なうならば、久しからずして、良家の子らが正しく家から出て出家行者となった目的である無上の清浄行の究極を、この世においてみずから知り証し体現するにいたるであろう。』と。このように告げたときに、五人の修行者の群れは私にこのようにいった、――『尊者ゴータマよ、あなたはその行い・その実践・その苦行によっても、人間の性質を超えた、完成せる聖なる特別の智見に達しなかった。しかるに今あなたは贅沢で、努め励むのを捨て、奢侈に赴いているのに、どうして人間の性質を超えた完成せる聖なる特別の智見に達することができるでしょうか。』と。このようにいわれたので、私は五人の修行者の群れにこのようにいった、――『修行者どもよ、如来は贅沢なのではない、努め励むのを捨てたのでもない、奢侈に赴いたのでもない。如来は尊敬さるべき人、正覚者である。耳を傾けよ。不死がえられた。我は教えるであろう。我は法を説くであろう。汝らは教えられたとおりに行なうならば、久しからずして、良家の子らが正しく家から出て出家行者となった目的である無上の清浄行の究極を、この世においてみずから知り証し体現するにいたるであろう。』と。」

五人の修行者は再びゴータマに同じ非難の詰問を向けたので、ゴータマは再び同じことを答えた。五人の修行者はまた三たび同じ非難の詰問を向けた。

「このようにいわれたときに、私は五人の修行者の群れにこのようにいった。――『修行者どもよ。汝らは今よりも以前に、私がこのように光輝があったのを見知っているか？』と。〔五人の修行者たちはいった〕『いいえ、尊者よ。』と。〔私はいった〕――『修行者どもよ。如来は尊敬さるべき人、正覚者である。耳を傾けよ。不死がえられた。私は教えるであろう。私は法を説くであろう。汝らは教えられたとおりに行なうならば、久しからずして、良家の子らが正しく家から出て出家行者となった目的である無上の清浄行の究極を、この世においてみずから知り証し体現するにいたるであろう。』と。」

ところで右の文のうちでも後世の仮託がはっきりと認められる。「如来に呼びかけるのに名をいい、また『卿《おんみ》よ』という呼びかけをもって如来に話しかけてはならぬ。」と釈尊がいったとされているが、古い詩を見ると、仏弟子たちは釈尊に向かって「ゴータマよ」と呼びかけているし、また釈尊に道を尋ねる人々が「君よ」と呼びかけている。またゴータマ個人がインドのこのような通習を排斥するほど傲慢であったとは考えられない。これも後世になってから、信徒がゴータマを神化したために右のような伝説がつくられたのである。
ゴータマは旧友の帰信をえたので、ここに一つのなかまを形成した。

「私は五人の修行者の群れを理解せしめることができた。二人の修行者を教化するとき、三人の修行者は托鉢にいった。三人の修行者が托鉢を行なってえた食をもって、われら六人の群れが生活した。また三人の修行者を教化するとき、二人の修行者は托鉢にいった。二人の修行者が托鉢にいってえた食をもって、我ら六人が生活した。」

そうして旧友ら一同も精神的にはゴータマと同じ境地に到達したのであった。

「さて五人の修行者の群れは私にこのように教化せられ、このように教えられて、みずから生まれるものであるのに生まれるものにおいて患いを見出して、不生なる無上の安穏・安らぎ（ニルヴァーナ）を求めて、不生なる無上の安穏・安らぎをえた。」

以下同様にくり返しているが、まとめていうと、

「みずから老いるもの・病むもの・死ぬもの・憂うるもの・汚れたものであるのに、老いるもの・病むもの・死ぬもの・憂うるもの・汚れたものに患いを見出して、不老・不病・不死・不憂・不汚である無上の安穏・安らぎを求めて、不老・不死・不憂・不汚である無上の安穏・安らぎをえた。そうして彼らにはこの智と見とが生じた、――『我らの解脱は不動である。これは最後の生である。もはや再び生存することはない。』と。」

この文によってみると、ゴータマがウルヴェーラーにあって悟り開いた境地と、五人の比丘《びく》がここに到達した境地とは同じ文句で説かれている。ゴータマを含めて六人とも安らぎ（ニルヴァーナ）に到達したとされている。そこにはいかなる区別もない。釈尊は極度に偉大な超人的な存在であり、仏弟子はとうていそこには到達しえないと説くのは、後代の人々の空想や神学者のもったいぶった思弁にもとづくものである。それは歴史的真実をゆがめている。

また他の経典によると、ベナレスの「鹿の園」では、世尊が五人の修行者に向かって、われわれの存在を構成している五つの要素（五蘊《ごうん》）の一つ一つについて、それは非我であり、苦であり、無常であるということを教えたとされている。

しかし他の経典では、

「かくのごとく私は聞きました。あるとき、世尊はベナレスに、仙人の集まるところである鹿の園におられました。」

という書き出しで、まず中道を説き、次に四つの真理（四諦）の説を詳しく述べている。

「道の人よ、出家者が実践してはならない二つの極端説がある。その二つとは何であるか？　一つはもろもろの欲望において欲楽にふけり、下劣・野卑にして凡愚の行いであり、高尚ならず、ためにならぬものであり、他はみずから苦しむことにふけり、苦しみであり、高尚ならず、ためにならぬものである。真人はこの両極端に近づかないで、中道を悟ったのである。それは眼を生じ、知識を生じ、平安・神道・正覚・安らぎ（ニルヴァーナ）に向かうものである。」

後世南方仏教では「四つの真理」と「無我」とがベナレスにおいてなされた主要な説法であると解せられた。ところが北方の仏伝では中道、四諦、五つの集りに関する無常・苦・空・無我、十二因縁を説いたとし、さらに弥勒《みろく》などの諸菩薩に一切諸法の本性が寂静《じゃくじょう》不生不滅であることなどを説いたとしているが、これらの諸項は後のものほど年代的にも逐次後世になって付加されたのだと考えられる。

釈尊が説法することを、初めのうちは「梵輪をまわす」と呼んでいた。これは古ウパニシャッドにおいて、宇宙の輪円を「梵天の輪」と呼んで、それは最高神が回転するものだと考えていたのをそのまま取り入れて、真理を悟った人が回転するものだということに改めたのであろう。教えを説く長老のことを「輪を回す人」と呼んでいることもある。しかし後代には仏の説法にかぎって「転法輪」と呼び、それが、後世には一般的な術語となった。

四　その後の教化活動

「鹿の園」における対談は、ゴータマの生涯における大きな転機であった。これを転機として、彼は一般世人に呼びかけるにいたったのである。その後彼は八十歳で亡くなるまで、四十五年間に、ガンジス川流域の中インド各地を周遊し、教化に余念がなかった。

雨期には一個所に定住して弟子たちとともに修養生活を送っていたが、その他の時期には雨が降ることなく行動も自由になしうるので、ゴータマ・ブッダは弟子たちとともに各地に赴いて、あらゆる人々に道を説いた。そのために彼の教団は急速度に増大していったのである。

ゴータマは「袈裟をつけて、家なくして遍歴する寛仁なる人」と呼ばれている。彼は鉢を手に持って、行乞した。だから行乞のことを托鉢ともいう。彼は村から村へ、町から町へと遍歴したが、曠野にとどまることもあった。

彼の実際の教化活動については諸種の律蔵に幾つかまとめて記されている。何ゆえ律蔵に説かれているのか、というと、「世尊が成道してより五年は、比丘（修行僧）のサンガがことごとく清浄であったが、これより後ようように非をなした。（そこで）世尊は事に従って制戒をつくり、プラーティモークシャ（戒律の個条）をたてて説いた。」

そこで戒律なるものが制定されるにいたるまでどのようにして教化が行なわれたかを、簡単に説明する必要があったのであろう。『十誦律』には「具足戒を受ける法」の説明の前に

何も記されていないが、『摩訶僧祇律』では次のようにいう、

「如来は（最初に）アンニャータ・コーンダンニャ（阿若憍陳如）らの五人を度した。彼らは善来出家《ぜんらいしゅつけ》（〈善くきた〉と仏にいわれて出家した比丘）であり、善く具足戒を受けていて、ともに戒を一にし、竟《よりどころ》を一にし、住を一にし、食を一にし、学を一にし、説を一にしていた（彼らの間に何らの差別はなかった）。次にプンナ・マンターニプッタ（満慈子）らの三十人を度した。次にベナレス城のバッディヤ（善勝子）を度した。次にウルヴェーラ・カッサパ（優《う》楼《る》頻螺《びんら》迦葉《かしょう》）〔ならびにその徒〕五百人を度した。次にナディー・カッサパ（那提迦葉）〔ならびにその徒〕二百五十人を度し、次にガヤー・カッサパ（伽耶迦葉）〔ならびにその徒〕二百人を度し、次にウパセーナ（優波斯那）ら二百五十人を度した。次にサーリプッタ（舎利弗）と大モッガラーナ（大目連）と〔その徒〕各二百五十人を度した。次にマハーカッサパ（摩訶迦葉）とチャンナ（闡陀）とカールダーイン（迦留陀夷）とウパーリ（優波離）とを度し、次にシャカ族の人々（釈種子）五百人を度し、次にヴァッグムダー（跋渠摩帝）〔という小川のほとりの〕五百人を度し、次に群賊五百人を度し、次に長者の子であるサーガタ（善来）を度した。」

パーリ文の律蔵では右の教化の発展を非常に詳しく説いている。教化の開始の前に、釈尊の成道と梵天の勧めによって教化を開始する決意をしたことが付加されているが、教化活動のほうはサーリプッタとモッガラーナの帰依のところで打ちきられている。ところが『五分律』と『四分律』とではそれをさらにさかのぼってシャカ族の系譜から始まって、悟りを開く以前の釈尊のことも述べ、パーリ文と同じくサーリプッタとモッガラーナの帰依で終わっている。ただ『四分律』のほうがいっそう発展増広されたかたちを示している。これこそまさに後世の仏伝の原始的形態を示している。ともかく、これらの諸伝の記載を念頭におきながら、ゴータマの教化活動のおもなものを述べてみよう。

五　ベナレスにて

ベナレスでゴータマは旧友五人の次に、ベナレスの長者の子ヤサを出家せしめた。彼は多くの侍女にかしずかれて歓楽の生活を送り、いっしょに寝たが、あるとき彼は「先に覚め、己の侍女たちの眠っているのを見た。ある者は琵琶を腋にし、ある者は小鼓を頂におき、ある者は鼓を腋にし、ある者は髪を乱し、ある者は涎を流し、寝言をいい、あたかも丘塚を現じたようであった。見終わって、彼にいや気が生じた。」彼は嘆いていった、「ああ厄なるかな、ああ禍なるかな。」

彼は「鹿の園」のほうに向かっていったが、釈尊に出会った。

「ここには厄無く、ここには禍無し。ヤサよ、きたって坐せよ。我は汝のために法を説こう。」

釈尊は彼のために、まず施論・戒論・生天論・諸欲の過ち、邪害、汚れ、出離の功徳を説き、次にさらに四種の真理の説を説いた（ただしこれらの術語は、明らかに後世につくられたものである）。そこでヤサには「垢を離れた法の眼」が生じた。

さて出奔した子を取り返そうとして彼の父が追ってきたが、釈尊に会うと釈尊に帰してしまった。ヤサは出家した。そこで世に七人の真人（アラハン）があることになった。彼の母と妻も彼を追ってきたけれども、やはり釈尊に帰して信徒となった。

パーリ文には「そのとき世に真人は七人となった」といって、ゴータマ・ブッダも弟子たちも同じ資格で扱われ、究極の真理に達したという点では区別ないものとされている。ところが漢訳『四分律』ではゴータマの神格化が見られるので、「そのとき世間に七羅漢あり、弟子に六あり、仏を七となす」と説いている。

ついでヤサの行いに動かされて、同じく長者の子であったヴィマラ、スバーフ、プンナジ、ガヴァンパティの四人も同様に釈尊に会って出家し、世に真人は十一人となった。さらにヤサの五十人の友人——彼らはみな国の旧家・随旧家なる良家の子であったが——も同様に釈尊に会って出家し、同じ境地に達し、世に真人は六十一人となったという。

六　ウルヴェーラー村へ

積極的な伝道の開始については次のように伝えている。

「あるとき世尊は、ベナレスの、仙人の集まるところである『鹿の園』にとどまりたもうた。そこで世尊は比丘（修行僧）らに向かって『比丘らよ』と呼びかけたもうた。修行僧らは世尊に『尊師よ』と答えた。

世尊はかくのごとくいった。――『比丘らよ。私は、天界のものでも人間のものでも、いっさいの束縛から解脱した。汝らもまた、天界のものでも人間のものでも、いっさいの束縛から解脱した。歩みを行なえ、衆人の利益のために、衆人の安楽のために、世人に対する共感のために、神々と人間との利益安楽のために。（多くの人々に法を示すために、）二人して一つの道をゆくことなかれ。初め善く、中ごろ善く、終りも善く、理と文とそなわれる法を説け。ひとえに完全にして純潔なる清浄行を顕示せよ。世には心の目が塵垢に覆われることの少ない人々がいるが、法を聞かないがゆえに（法から）堕ちている。（聞いたならば）法を了解するであろう。我もまたウルヴェーラーなるセーナー村に赴こう、法を説くために。』

ときに悪魔パーピマットは世尊のもとに至った。至り終わって、世尊に詩句をもって呼びかけた。――

『汝は天界のものと人間のものとすべての索縄《さくじょう》によって束縛されている。汝は偉大な束縛に束縛されている。道の人よ、汝は我から免れていない。』

〈世尊いわく〉『我は天界のものと人間のものとすべての索縄から免れている。我は大きな束縛から免れている。滅ぼす者よ。汝は敗れた。』と。」

かくてゴータマはベナレスにとどまっていた後、また、かつて悟りを開いた場所であるウルヴェーラーに向かって旅に出た。あるとき、彼は道を離れて一つの密林のところに至り、その中にはいって一樹のもとに坐した。そのとき三十人の友人たちがそれぞれ妻を伴ってその密林に遊んでいた。ところが一人は妻をもっていなかったので、そのために「ひとりの婬女を雇うた。」ところが彼が遊び楽しんでいるうちに、その婬女は、彼の財物を取って逃げてしまった。そこで彼の友人たちはその友人を助けて、その婬女を捜し求めてその密林のうちを徘徊しているとき、世尊が一つの樹木のもとで坐しているのを見た。そうして釈尊のいる所へいって尋ねた。

「世尊はひとりの女を見ましたか?」

「若者どもよ。汝らは婦女でどうしようというのです?」

「今私たち三十人の友人は、夫人たちを伴ってこの密林に遊んでいました。しかしひとり夫人を連れていないので、そのために妓女を連れてきました。われわれが遊び楽しんでいた間に、その妓女は財物を取って逃げてしまいました。ゆえにわれわれは友人としてその友を助けて、その女を捜そうとしてこの密林の中を徘徊しているのです。」

そこでゴータマは尋ねた、

「若者どもよ。君らはどう思いますか。婦女をたずねることと自己をたずねることと、君らはどちらがすぐれていると思いますか？」

「われわれは自己をたずねるほうがすぐれていると思います。」

「若者どもよ。では、おすわりなさい。君らのために法を説きましょう。」

「どうぞ。」

そこで釈尊はヤサに説いたのと同じことを説き、彼らはヤサと同じ境地に到達して出家したという。

さてゴータマはウルヴェーラー村に到達したが、そのときそこには三人の結髪のバラモンがいた。それはウルヴェーラ・カッサパとナディー・カッサパとガヤー・カッサパとであり、それぞれ五百人、三百人、二百人の結髪のバラモンの弟子を引き連れていた。この三人の名は、それぞれ「ウルヴェーラーに住むカッサパ」「ネーランジャラー川のほとりに住むカッサパ」「ガヤー市に住むカッサパ」という意味であったらしい。この三人は兄弟であったと伝えられている。ウルヴェーラ・カッサパは火に仕える儀礼を行なっていたが、ここで釈尊はあらゆる種類の神通を行じて彼を克服する。ウルヴェーラ・カッサパは自分のほうがすぐれていると思うが、最後には降参してしまう。そうして彼らは毛髪・結髪・担荷《たんか》・事火具《じかぐ》を水に流してしまい、釈尊の弟子となり出家する。このことを見て、ナディー・カッサパ、ガヤー・カッサパおよびその弟子たちも同様に出家して釈尊の弟子となってしまう。その神通による競争が何を意味していたか、今日のわれわれにはよくわからないが、この伝説はかなり古くから成立しているらしい。仏教以前の宗教史をみるに、ヴェーダの祭祀においては聖火をともすことは中心的位置を占め、火神アグニはとくに尊崇されていたので、これらのバラモンもその儀礼を遵奉していたのであろうが、いまやそれを捨ててしまった。これは仏教がバラモン教の祭祀にうち勝って広がっていったことを示すものであろう。

釈尊はその後、一生の間にこのあたりに何度きたか不明であるが、このあたりで種々の人を教化したことが知られている。ネーランジャラー川のあたりで説法したときに、チャーパーという婦人は教えを聞いて出家した。またガヤーにきて説法したときに、セーナカ長老はそれを聞いて仏教に帰依した。

第六章　有力信徒の帰依

一　ビンビサーラ王の帰依

仏伝によると、釈尊はウルヴェーラーに住んだ後、新たにここで帰依した弟子千人を連れてガヤー国の象頭山に向かって進んでいった。そこに欲するだけとどまったあとで、その千人を引き連れて王舎城に移っていった。そこでマガダの国王セーニヤ・ビンビサーラが釈尊に帰依するにいたった。マガダの人々が釈尊に帰したのは一般にウルヴェーラ・カッサパが帰依するにいたった影響であるとして説かれている。

ビンビサーラ王は王舎城の入口の外側にある竹林園を仏教教団に寄進した。「この竹林園は都邑から遠からず、近すぎず、往来に便であって、すべて希望する人々がゆきやすく、昼は喧騒少なく、夜は音声少なく、人跡絶え、人を離れて静かで、瞑想に適している。我は竹林園を、仏を上首とする修行僧の集りに寄進しよう。」

現在、山に囲まれた王舎城遺跡の北側に池があり、その傍らにこの竹林園があった、と学者は説明している。

「都邑から遠からず、近すぎず」という限定は、原始仏教の社会性を理解するために非常に重要である。原始仏教に帰した人々は王族・商人・手工業者などであり、大体都市人であった。しかし都市的生活をそのまま肯定したのではなくて、都市的生活の否定態において原始仏教の出家者教団は成立していたのである。

また国王が帰依したということは、インドにおいて王権がしだいに強大となりつつある時代には大きな意味のあることであった。ビンビサーラ王は八万の村の村長たちを集めて釈尊の教えを聞くように命令したので、その八万人が鷲の峰に赴いたという伝説が後に成立した。

二　懐疑論を超えて——サーリプッタとモッガラーナ

思想史的に非常に重要な一つの事件が起こった。

そのとき王舎城にサンジャヤというバラモンが住んでいた。彼は二百五十人のバラモンのなかまを連れていたという。サーリプッタ（舎利弗）とモッガラーナ（目犍連）の二人はサンジャヤに従って修行していた。

ときにサーリプッタはアッサジ比丘〔通常五比丘のひとりと解せられている〕が托鉢のため王舎城にはいってきたそのすがたに打たれた。「誰を師としているのか？　誰の法を楽しんでいるのか？」と尋ねたところ、アッサジは自分は釈尊の弟子であると答え、次の詩句を唱えたという。

「諸法は因より生ずる。
如来はその因を説きたもう。
諸法の滅をもまた
大なる修行者はかくのごとく説きたもう。」

そこでサーリプッタは「法の眼」を開いたという。ついでモッガラーナも同様にアッサジ比丘から教えられた。そこでサーリプッタとモッガラーナの二人はサンジャヤの弟子である二百五十人のバラモンを引き連れて釈尊のいます竹林に赴いて弟子となった。サンジャヤは痛憤したのであろう。「口から熱血を吐いた」という。

「そのときマガダ国のもろもろの著名な良家の子らは、世尊のもとに赴いて清浄行を修した。人々は呟き憤り毀《そし》った、『道の人ゴータマがきて子を奪う。道の人ゴータマがきて夫を奪う。道の人ゴータマがきて家を断絶せしめる。今彼は千人の結髪のバラモンを出家せしめた。サンジャヤの二百五十人のバラモンどもを出家せしめた。マガダ国のもろもろの著名な良家の子らは、道の人ゴータマのもとで清浄行を修している。』と。また（仏教の）修行僧らを見ては、次の詩句をもって非難した。

『偉大な道の人がマガダ国の山に囲まれた都（王舎城）にきた。
すべてのサンジャヤの徒をすでに誘い、今もまた誰を誘うのか？』と。」

これに対して釈尊は答えた、

「比丘らよ、この声は久しくは続かないだろう。ただ七日間のみ続き、七日を過ぎては消滅するであろう。」

そこで彼らの非難に対しては、

「偉大な英雄・如来は正法をもって誘いたもう。法をもって誘う智者をどうして嫉むのか？」

と答えよ、と教えた。修行僧らは非難に対してそのように答えたところが、はたして非難の声は七日の後には消滅したという。

サーリプッタとモッガラーナとがサンジャヤの徒衆を引き連れて仏教に帰したことは、最初期の仏教にとって重要な一大事件であった。この二人は通常釈尊の十大弟子のうちでもとくに有力な二大弟子として伝えられ、サーリプッタは智慧第一、モッガラーナは神通第一と称せられている。ところでサンジャヤはいわゆる「六師のひとり」として有名な懐疑論者であった。マガダ王アジャータサットゥは釈尊に向かって、サンジャヤの教えを次のように告げている。

「ベーラッタ族のサンジャヤは次のようにいった。――『大王よ、もしもあなたが〈あの世は存在する〉ということについて問うた場合に、私がもしも〈あの世は存在する〉と考えたのであるならば、〈あの世は存在する〉とあなたに答えるでしょう。しかし私はそうだとは考えない。そうらしいとも考えない。それとは異なるとも考えない。そうではないとも考えない。そうではないのではない、とも考えない。

もしもあなたが〈あの世は存在しない〉ということについて問うた場合に、…………もしもあなたが〈あの世は存在し、また存在しない〉ということについて問うた場合に、…………もしもあなたが〈あの世は存在せず、また存在しないのでもない〉ということについて問うた場合に、…………

〈自然発生の生きものが存在する〉〈自然発生の生きものは存在しない〉〈自然発生の生きものは存在しまた存在しない〉〈自然発生の生きものは存在せず、また存在しないのでもない〉〈善業と悪業の果報の現れは存在する〉〈善業と悪業の果報の現れは存在しない〉〈善業と悪業の果報の現れは存在しまた存在しない〉〈善業と悪業の果報の現れは存在せず、また存在しないのでもない〉〈人格完成者は死後に存在する〉〈人格完成者は死後に存在しない〉〈人格完成者は死後に存在しまた存在しない〉〈人格完成者は死後に存在せず、また存在しないのでもない〉ということについて、もしもあなたが私に問うた場合に、もしも私が〈人格完成者は死後に存在せず、また存在しないのでもない〉と考えたのであるならば、〈人格完成者は死後に存在せず、また存在しないのでもない〉とあなたに答えるでしょう。しかし私はそうだとは考えない。そうらしいとも考えない。それとは異なるとも考えない。そうではないとも考えない。そうではないのではない、とも考えない。』と。」

このように、「ベーラッタ族のサンジャヤは、このように、道の人としての実践生活の現に経験される果報を問われても、つねに『言いのがれ』を説いたのです。」

このように判断中止の思想を説いたサンジャヤの弟子全部を引き連れて、サーリプッタとモッガラーナがゴータマ・ブッダに帰し、しかも進展途上の仏教教団の中核を形成したという事実は、仏教が懐疑論をのり超えて、それにうち勝ったものとして、世に広がった経過を示している。初期の仏教教団が、形而上学的論議を拒否したことは、一度サンジャヤの立場を通過したことを示している。しかし原始仏教の立場はけっしてそれにとどまらなかった。それを超えて、右のアッサジの詩が示すように、ありとあらゆるものが因縁によって成立するものであると教える積極的な立場をうち出しているのである。

三　故郷へ帰る

サンジャヤの徒を帰依せしめて後の活動は、もはやパーリ文律蔵や『四分律』『五分律』には説かれていない。しかし『摩訶僧祇律』（第二十三巻）に簡単に記されているところによると、次にまずマハーカッサパとチャンナとカールダーインとウパーリとを度したという。マハーカッサパは仏弟子のうちでも行法第一と呼ばれているが、後世の仏伝によると、やはり王舎城の近くで仏に帰依することになったらしい。

続いて釈尊は故郷のカピラヴァットゥに帰って、シャカ族の人々五百人を帰依せしめたという。彼はここで老父王を訪れ、正妃や愛児ラーフラと語るのであるが、多年の別離の後に再会したその劇的場面は想像にあまりある。ただこの再会のことは、古い経典には出ていないので、今ここでは詳しい論述を割愛することにする。再会の年時についても、後世のもろもろの仏伝の記載が一致していない。

ともかく彼はカピラヴァットゥでは非常な尊敬の念をもって迎えられた。異母弟のナンダや実子のラーフラは出家し、父王とラーフラの母は彼に対して尊敬帰依するにいたった。理髪師の子ウパーリや従弟アーナンダの出家したのもこのときだと伝えられている。

四　商業資本家の帰依

釈尊が大都市サーヴァッティーに有力な富豪の信徒をえたという事実は非常に重要である。そのころコーサラ国の首都サーヴァッティーにいたある富豪が釈尊に帰依したことは、仏伝では非常に大きな事件として扱われている。

シャカ族が代々従属していたといわれるコーサラ国の首都サーヴァッティーにスダッタ（須達多）というひとりの長者、資産者（ガハパティ）がいた。彼は慈善の心に富んだ人であった。スダッタとは「よく施した人」という意味である。彼はまた「孤独な人々に食を給する人」とも呼ばれ、漢訳仏典では「給孤独長者」と意訳されている。彼のみがとくにこのように呼ばれていることから考えると、彼は自分の財富を傾けて、人生のよるべなき寂しい人々に施しを行なっていたのであろう（もしも仏教教団の修行僧にのみ施与したのであれば、こうは呼ばれていなかったにちがいない）。

彼が釈尊の熱心な帰依者であったということは、仏典における彼に関するすべての記述に共通であるから、おそらく事実であったのであろう。かなり古い伝説によると、彼は商用があって王舎城へ旅行したときに、釈尊を首とする出家僧衆の崇高なすがたにうたれて帰依するにいたったという。彼は自国への招待を申し出て、釈尊の承諾をえた。そうして彼は仏教教団にサーヴァッティーにあった「ジェータの園林」を寄進したという。これを漢訳では「祇陀園」などと記し、略して「祇園」という。ジェータはコーサラの国王パセーナディの太子であり、サーヴァッティーの郊外にこの園林を所有していたが、スダッタ長者がジェータ太子からこれを買い取って、教団に寄進したという。そうしてそこに精舎（僧院）を建てたというが、これが有名な祇園精舎である。この伝説がどこまで事実を伝えているか不明であるが、古い詩に「ここにジェータ林あり、仙人の群れが住む」とあるから、右の長者がジェータ林を寄進したことだけは確かであろう。しかし、今日そこに発掘されている遺跡がはたしてゴータマ・ブッダの当時のものであるかどうかはおおいに疑問である。近年考古学者が実測したところによると、三十二エーカーすなわち約一万九千百七十坪ほどあるというが、釈尊の時代にもそのくらいの土地は寄進されたと考えられる。またその土地の樹木をジェータ太子が寄進したという伝説があるので、それにもとづいて、漢訳では「祇樹給孤独園」と記すこともある。

ここに精舎が建てられるまでは（律蔵小品の記載によると）、如来は雨期には「空屋に住んでいた」のであるが、ここで、この長者が僧衆のことを思うて、彼らが雨期を過ごすためにここに精舎を建てた。ジェータ太子はまず門屋をつくったという。おそらく建築の始まるのを標示したのであろう。続いてスダッタ長者は、ここに精舎・房・門屋・勤行堂・火堂・食厨・廁房・経行処・経行堂・井・井堂・暖房・暖房堂・小池・廷堂をつくらしめたという。おそらくいずれも簡単なものであったであろうが、やはりこのようなものは必要であったと考えられる。また釈尊がヴェーサーリーの大林にとどまっていたとき、そこには病舎があった、と経典は伝えている。しかしこれらの土地では後世の精舎のような生活を営んでいたのではない。仏典の古い詩に「仙人の群れが住む」といわれているように、叙事詩に出てくる仙人のような生活を営んでいたのである。

ともかくこれによって仏教教団は活動のための拠点をえたのである（スダッタ長者は仏典の最古層の詩のなかには現われないけれども、その歴史性は否定できないであろう。ただ彼の帰仏の伝説は種々に潤色されて後代に伝えられているのである。また日本では「祇園精舎の鐘の声」というが、祇園精舎など古代インド僧院には鐘はなかった。これも後代の空想にもとづく）。

ところでここに原始仏教の性格を開明するために重要な事実は、商人が土地を買って教団に寄進したということである。もしもスダッタ長者が大地主であったならばわざわざジェータ太子の所有地を購う必要はなかったであろう。自分の所有地の一部を割いて寄進することができたはずである。しかし彼は大土地を所有していなかったので、これを購入した。われわれはここに、土地はさほどもたないが莫大な金銭を蓄積していた商業資本家の台頭という事実を認めることができる。

また第二に、大土地の売買がこのように容易になされたということは、貨幣経済の進展が著しかったことを示している。そうしてかかる商業資本家が仏教に帰依し共鳴し、それによって仏教教団が急速に進展していったということは、呪力による支配（バラモン）および武力による支配（王族）を駆逐して四民平等を実現することは、経済的視点からみるならば経済外強制の排除ということにほかならないから、当時台頭しつつあった商業資本家の理想にちようど合致するものであったのである。

五　多彩な教化活動

なお後代の仏伝には種々のことが伝えられている。

一、釈尊はヴァンサ国の首都コーサンビー（現在の Kosam にあたり、アッラハーバードに近い）に赴いて、そこの国王ウデーナ王のひとりの王妃を仏教に帰依せしめ、やがて王をも仏教に帰し て他の諸宗教を駆逐せしめた。コーサンビーも初期の仏教にとっては重要な一つの活動中心地となった。

二、コーサラの国王パセーナディをして仏教に帰依せしめた。

三、養母マハーパジャーパティーが出家を願い出た。釈尊はその願い出に対して躊躇したが、アーナンダのとりなしで、ついに条件つきで女人の出家が認められるようになった。これが尼僧の起原である。

四、凶賊アングリマーラを帰依せしめた。

さらに彼はヴァッジ族の住んでいた地方を流れていたヴァッグムダーという川のほとりに住んでいた漁師五百人を帰依せしめた。彼らはみな漁業をやめて出家し、この川のほとりに住んでいたという。

次に『僧祇律』によると、「群賊五百人を度した」というが、これは同じ『摩訶僧祇律』に、伝えられている次の話をいうらしい。サーヴァッティー国においてヴァイシャーリーへ向かおうとしていた仏教の一修行僧が賊に取りつかれた。そこへ王の官吏が迫ってきて賊を捕えた。そうしてついに五百人の盗賊が捕えられた。彼らに赤褐色の華鬘《けまん》をつけ、鼓を打ち鈴を振って、四つ辻に呼び出して、まさに殺そうとしたところが、賊どもはおおいに啼哭した。釈尊はそれを聞いて問うた、「比丘らよ、どうしてこんなに多くの泣き声が聞こえるのか。」修行僧らは答えた、「世尊よ、この五百人の盗賊どもは、王の命令で殺されるところなのです。だから泣いているのです。」仏はアーナンダに告げていった。「おまえはいって王に話してくれ、――『あなたは国王です。民を慈むこと子に対するがごとくであらねばならぬのに、どうしていちじに五百人も殺すのですか。』と。」アーナンダは、その教えのとおりに王のところへいって、釈尊の言葉を詳しく伝えた。王は答えた、「尊者アーナンダよ。そんなことは知っている。もしもたといひとりを殺しても私も罪報は、はなはだ多い。まして五百人を殺せばなおさらのことです。しかしこの賊どもはしばしばやってきて、わが聚落を破壊し、人民をかすめ掠奪している。もしも世尊がまた、この者どもにもう二度と賊を働かせない、といわれるなら、放して生かしてやりますよ。」

そこでアーナンダは釈尊のもとに帰って王の言葉を報告したところが、釈尊はアーナンダに告げた。

「ではさらにいって王に語れ、――『王さまよ、ただ放せばよいのです。彼らが今日以後もはや盗賊とならないように、私が計らいます。』と。」（ところがアーナンダはすぐ王のところへいかないで）釈尊の教えを受けてから、まず刑場にいって、刑吏に誘っていった、「このもろもろの罪人は世尊がすでに救いたもうたのだから、すぐ殺してはなりません。」と。また賊どもに向かって尋ねた、「おまえたちは出家するか、どうか。」賊どもは答えた、「尊者よ、私たちがもともともしも出家していたならば、こんな苦しみにはあわなかったでしょう。お願いしたいのですが、どうしたら出家できるでしょう。」（彼らのこの言葉を聞いてから）アーナンダは王のところへいっていった、――「世尊は、王さまにこう申しあげてくれ、といわれました。――『彼らが今日以後もはや盗賊とならないように、私が計らいます。』と。」（アーナンダは釈尊の「王さまよ、ただ放せばよいのです。」という言葉を伝えなかった。伏せている。彼の政治的配慮のゆえであろう)。

王はそこで監獄の官吏に勅した、「生命は許してやろう。しかししばらく縛を解いてはならぬ。世尊のもとに送ってやれば、仏がみずから彼らを放たれるだろう。」と(王は賊どもが釈尊と縁の結ばれるように計らったのであろう)。

そのとき世尊は賊どもを救ってやろうと思っていたので、露地に坐していた。賊どもははるかに仏のすがたを見ると、いましめの縄がおのずから解けて、頭面を釈尊の足につけて礼拝し、退いて片隅に坐した。仏は彼らの宿縁を観じて、施し、持戒、行いの報い、四つの真理(苦習尽道)を説きたもうたところが、すぐにこのとき最初の境涯(須陀洹道)をえた。そこで釈尊は彼らに問うた、「おまえたちは出家したいか、どうか。」彼らは答えた、「世尊よ、私たちがもしも以前に出家していたならば、こんな苦しみにはあわなかったでしょう。ただお願いしたいのですが、今私たちを救って、出家させてください。」と。釈尊は「善くきた、比丘らよ。」といった。するとそういわれたときに五百人の賊どもの全身の被服は変じて修行僧の三衣となり、自然に鉢器もそなわり、威容も整った、と。

律蔵においては、盗賊が出家して教団に入ることを禁じている。教団が大きくなると、秩序の維持にきゅうきゅうとせねばならなかった。しかし偉大な宗教家ゴータマは、悪人も罪人も包容していたのである。

『僧祇律』によると、釈尊は次にサーガタ（善来）という長者の子を度したという。彼はコーサンビーの浮図《ふと》という長者の子であったが、後に家産傾き、浮浪者となり、アーナンダに連れられて釈尊のもとに赴いた。仏の足を礼して片隅にすわったところが、釈尊はみずからの食物の半分を与えた。それを見てサーガタは涙を流したという。ついに釈尊に従って出家した。

デーヴァダッタが釈尊を悩ましたということは、かなり古い時代から詩句でうたわれていた。「デーヴァダッタは智者として知られ、身を修めた者として崇められ、誉れは炎のように高かったのです。しかし彼は怠りになずみ、如来を悩まして、四つの川ある恐ろしい阿鼻地獄にいたった、と聞いております。」

この詩句から見るかぎり、デーヴァダッタのほうが最初期の仏教に比べて修行を怠けていたことが知られる。最初期の仏教の詩句が比較的に苦行を強調していることから考えても、右の言は真実であろう。ところが後代になって仏教が易行を強調して中道を説くようになると、異端者デーヴァダッタはむしろ極端な苦行を強調した人として描かれている。

デーヴァダッタは釈尊を殺そうとしてゾウを放ったとも伝えられている。現在霊鷲山の参道の途中に一つの遺跡があり、デーヴァダッタがゾウをけしかけて釈尊が傷を受けたとき、ここまで運ばれたのだ、という立て札が立てられているが、その場所が確かにそうなのか、どうか、なお問題があると思う。

後代の仏伝によると、釈尊は、東はヴァンガ国、西はユーサンビー、マトゥラーからガンダーラに至るまで教化したということになっている。しかしそれは疑わしい。彼の活動範囲はだいたいガヤーや王舎城からパトナ、クシナガラ、カピラヴァットゥに至る線を中心としたものであり、西方に向かってはベナレスから昔のシュラーヴァスティー、アッラハーバードの東のコーサンビーに至る範囲であったらしい。

マヒー川のあたりは沼沢地であったが、ここで釈尊はグニヤという牧牛者を教化したと伝えられている。

「カもアブも存せず、ウシどもは沼地に茂った草を食み、雨が降ってきても、堪え忍ぶであろう。」

また釈尊はミティラーのあたりでも法を説いている。

六　南国のバラモン学徒たち

古い詩のなかにあるバラモンの帰信が伝えられている。ヴェーダに通じた一バラモンであるバーヴァリンはコーサラの都から出て南国にきて、煩悶を生じたとき、彼はある神から次のように告げられた。

「カピラヴァットゥの都から出ていった世界の指導者がいる。彼は甘蔗王（Okkāka ＝ Ikṣvāku）の後裔であり、シャカ族の子で、世を照らす。

『バラモンよ。彼はじつに正覚者であり、あらゆるものの極致に達し、いっさいの神通と力とをえ、あらゆるものについての眼をもっている。あらゆるものの消滅に達し、煩いを滅して解脱している。かの仏、世尊、眼ある人は、世に法を説きたもう。汝は、彼のもとに赴いて、問え。彼は汝にそれを説明するであろう。』

『正覚者』という語を聞いてバーヴァリンは歓喜した。彼の憂いは薄らいだ。彼は豊かな喜びをえた。

かのバーヴァリンはこころ喜び歓喜し、感動して、かの神に問うた、

『世間の王は、どの村に、またどの町に、あるいはどの地方にいらっしゃるのですか？

そこへいって最上の人である正覚者を我らは礼拝しましょう。』

『勝者、智慧に富む人、いとも聡明なる人、荷をおろした人、汚れなき人、頭の落ちることを知っている人、牛王のような人であるかのシャカ族の子は、コーサラ族の都であるサーヴァッティーにまします。』

そこで彼は（ヴェーダの）神呪に通達せるもろもろの弟子バラモンたちに告げていった、

『きたれ、学生どもよ。私は汝に告げよう。わが言葉を聞け。

世間に出現すること常に稀有であるところの、かの正覚者として令名ある人が、今世間に現われたもうた。

汝らは急いでサーヴァッティーに赴いて、かの最上の人に見《まみ》えよ。』」

そこで弟子どもは、その人が正覚者であるということがどうして知られるか、と質問する。

「では（師）バラモンよ。彼を見て、どうして『仏』であると我らは知りうるでしょうか？　我らはどうしたらそれを知りうるかを教えてください。我らは知らないのです。」

これに対してバーヴァリンは、サーヴァッティーで会うはずの人が仏であるにちがいないという証拠を示す。

「もろもろの神呪（ヴェーダ）のなかに、三十二の完全な偉人の相が伝えられ、順次に説明されている。

肢体にこれらの三十二の偉人の相のある人、——彼には二つの前途あるのみ。第三の途はありえない。

もしも彼が家にとどまるならば、この大地を征服するであろう。刑罰によらず、法によって統治する。

またもしも彼が家から出て家無きに入れば、蔽いを開いて、無上なる正覚者、真人となる。（わが）生年と姓と特相と神呪（ヴェーダ）とまた弟子たちと頭と頭の落ちることとを、ただ心の中で彼に問え。もしも彼が見る働きの障礙なき仏であるならば、心の中で問われた質問に、言葉をもって返答するであろう。」

ここで「頭が落ちること」というのは後に記すようにウパニシャッドにおける観念を受けているのである。

「バーヴァリンの言葉を聞いて、弟子である十六人のバラモン――アジタとティッサ・メッテーヤとプンナカとおよびメッタグーと、ドータカとウパシーヴァとナンダとおよびヘーマカと、トーデーヤとカッパとの両人と、賢者ジャトゥカンニンと、バドラーヴダとウダヤとポーサーラ・バラモンと智者モーガラージャンと大仙人ピンギヤと、――彼らはすべてそれぞれ徒衆を率い、全世界に令名がある。禅定者で、禅定を楽しみ、賢明で、前世に宿善を植えた人々である。」

ここで彼らは、禅定者と呼ばれているが、ヨーガ行者とは呼ばれていない。インド一般に用いられる「ヨーガ行者」という名称は後代に一般化したのであろう。また右に出てくるナンダは釈尊の異母弟のナンダと同名ではあるが、別人であろう。

「髪を結《ゆ》いカモシカ皮をまとうた彼らはすべてバーヴァリンを礼し、また彼に右繞の礼をして、北方に向かって出発した。」

驚くべし、これは今のインドでヒンズー教の行者の行なっているそのままのすがたである。

「ムラカのパティターナ（首都）に入り、それから昔のマーヒッサティへ、またウッジェーニーへ、ゴーナッダーへ、ヴェーディサへ、ヴァナサという所へ、また、コーサンビーへ、サーケータへ、サーヴァッティーにいった。（ついで）セータヴィヤへ、カピラヴァットゥへ、クシナーラーの都市に（はいった）。また享楽の都市パーヴァーへ、ヴェーサーリーへ、マガダの都（王舎城）へ、また麗わしく快い石の廟に達した。」

ここには彼ら一行の通った経路が示されているが、現在知られているかぎりでは、だいたい地理的に正確である。

「渇した人が冷水を求めるように、また商人が大きな利益を求めるように、暑熱に悩まされている人が木陰を求めるように、彼らは急いで（世尊のまします）山に登った。世尊はそのとき僧衆の前にあって敬われ、シシが林の中で吼えるように修行僧らに法を説いていた。

光を放つ太陽のような、円満になった十五夜のような正覚者を、アジタは見たのであった。

ときに（アジタは）世尊の肢体に円満な相好のあるのを見て、喜んで一隅に立ち、心の中で（世尊に）質問した、――『（わが師の）生年について語れ。姓と相とを語れ。神呪（ヴェーダ）に通達していることを語れ。（師）バラモンは幾人に教えているのか？』」

世尊ははっきりと答えた。

「彼の年齢は百二十歳である。彼の姓はバーヴァリンである。彼の肢体には三つの特相がある。かれは三ヴェーダの極意に達している。

偉人の特相と伝統と語彙と儀規とに達し、五百人（の弟子）に教授し、自分の法の極致に通達している。」

われわれはここに、当時のバラモンが研究教授していた学問の内容を知りうる。

「『愛執を断じた最上の人よ。バーヴァリンのもつもろもろの特相の詳細を説きたまえ。我らをして疑いを起こさせないでください。』

『彼は舌をもって彼の顔を蔽う。彼の両眉の中間に白毫がある。彼の陰処は覆いに隠されている（陰馬蔵）。学生よ、（彼の三つの特相を）かくのごとくに知れ。』」

前掲の文句と対比してみると、三十二相という観念は、偉人の相として、仏教外で一般に信ぜられていたものであることが知られる。すなわち仏の三十二相よりも以前のバラモンの三十二相なのである。

「質問者が何事をも聞かないのに、（釈尊が）質問に答えたもうのを聞いて、すべての人は感激し、合掌して、じっと考えた。――

『彼は何人であるか？　神か、梵天か、はたスジャーの夫なる帝釈天か？』心の中でそれらの質問をした。『誰に答えたものだろう？』バーヴァリンは頭頂と頭頂の落ちることに関して質問した、『世尊よ、それを説明したまえ。仙人よ、我らの疑惑を除きたまえ。』

（ゴータマいわく）『無明が頭頂であると知れ。信仰と念いと定と欲と努力とに結びついている明知が頭頂を落とさせるものである。』」

古ウパニシャッドに現われていることであるが、仏教以前のバラモン教では、分を超えて論議をする人、不当なことをする人は首が落ちてしまうと考えられていた。たとえば、哲人ヤージニャヴァルキヤは世界の究極をつぎつぎと尋ねるガールギー女を戒めていう、「ガールギーよ。あなたはあまりにも尋ねすぎてはなりません。あなたの首が落ちないために。」また真理を説明できない人の首は地に落ちたともいう。このような観念を受けて仏教的に変容したものであろう。しかし仏教が盛んになると、このような説明は不要となってしまった。だから後代の仏典には現われてこない。

「そこでその学生は大いなる感激をもて狂喜しつつ、カモシカ皮（の衣）を片肩にかけて、（仏の）両足にひざまずいて頭をつけて伏礼した。

（アジタいわく）『わが尊者よ。バーヴァリン・バラモンは彼のもろもろの弟子とともに心に歓喜し喜悦して尊師の足下に礼拝します。眼ある人よ。』

（ゴータマいわく）『バーヴァリン・バラモンはもろもろの弟子とともに楽しくあれ。いのち長くあれ。バーヴァリンにとっても、汝にとっても、すべていっさいの疑問が氷解した。心に問おうと欲することは、何でも問え。』正覚者に許されたので、アジタは合掌して坐し、ここに如来に第一の質問をした。」

以下十六人のバラモン学生各自の質問と、それに対する釈尊の答えが『彼岸の道（パーラーヤナ篇）』のなかに述べられているが、それは純思想的な論議であるからここでは省略しよう。ただその結末として「彼ら（十六人）が質問を発したのに応じて、仏はあるがままに解答された。聖者（仏）は、もろもろの質問に対して解答することによって、もろもろのバラモンを満足せしめた。彼らは……仏のもとで清浄行を修した。」という。すなわちバーヴァリンの弟子たちがいっせいに釈尊に帰したのである。前のサンジャヤの弟子たちがサーリプッタとモッガラーナに率いられて集団的にゴータマに帰したように、集団改宗が行なわれたのである。社会的視点から見るならば、集団改宗ということが仏教を興起せしめる決定的な要因であった。

第七章　晩年

一　鷲の峰にて

晩年のゴータマ・ブッダのことをとくに記した経典には、次のように説き起こしている。

「あるとき尊師は王舎城の鷲の峰におられた。そのときマガダ王アジャータサットゥはヴァッジ族を征伐しようと欲していた。彼はこのように告げた。

『このヴァッジ族は、このように繁栄し、このように勢力があるけれども、わたしは彼らを征伐しよう。ヴァッジ族を根絶しよう。ヴァッジ族を滅ぼそう。ヴァッジ族を破滅におとしいれよう。』と。」

パーリ本、梵本などには、アジャータサットゥ王のことを、「ヴィデーハ国の女の子」と呼んでいる。彼の母は「ヴィデーハ国の女」(韋提希夫人)であったのである。男の名を挙げる場合に、母の名を挙げ、しかも母のことを「……国の女」「……家の女」という言い方をするのは古代インドにおける通習であり、古碑文のなかにも多数の実例が存する。これは、インド原住民の間の母系家族制の影響であり、純アーリヤ人のつくったヴェーダ聖典のうちには認められない。

「そこでマガダ王アジャータサットゥは、マガダの大臣であるヴァッサカーラというバラモンに告げていった。『さあ、バラモンよ、尊師のいます所へゆけ。そこへいって、尊師の両足に頭をつけて礼せよ。そうしてわが言葉として、健勝であられ、障りなく、軽快で力あり、ごきげんがよいかどうかを問え。そうしてこのようにいえ、――尊者よ、マガダ王アジャータサットゥはヴァッジ族を征伐しようとしています。彼はこのように申しました。――「このヴァッジ族はこのように繁栄し、このように勢力があるけれども、わたしは、彼らを征伐しよう。ヴァッジ族を根絶しよう。ヴァッジ族を滅ぼそう。ヴァッジ族を破滅におとしいれよう。」と。そうして尊師が断定せられたとおりに、よくそれを覚えて、わたしに告げよ。けだし如来は虚妄を語られないからである。』と。」

大臣ヴァッサカーラは王の命令を、拝承した。

『かしこまりました。』とヴァッサカーラは王に返事して、華麗な多くの乗り物を装備して、みずからも華麗な乗り物に乗って、それらを連れて王舎城から出て、鷲の峰という山に赴いた。乗り物でゆきうる地点まで乗り物でゆき、そこで乗り物からおりて、徒歩で世尊のおわす所に近づいた。近づいてから尊師に挨拶の言葉、喜びの言葉を取り交わして一方に坐した。」

今の鷲の山には良い登山道路ができているが、やはり途中までは自動車でゆくことができるが、その終点から先は歩かなければならない。昔も事情は同様であったのである。さて釈尊をたずねたヴァッサカーラは、「君ゴータマよ」といって、アジャータサットゥ王から命ぜられたとおりのことを語った。

「そのときアーナンダは尊師の背後にいて、尊師をあおいでいた。」これは今のインドでも見られる光景である。ヒンズー教の高僧のまわりに信者（ときには女性）や弟子が侍して、その高僧を扇であおいでいる。涼しくし、また虫を追い払うのであろう。

これに対して釈尊は大臣ヴァッサカーラにすぐには答えないで、弟子アーナンダに、次の七個条が事実であるかどうかを尋ねるが、それに対してアーナンダはそれが一つ一つ事実であると答える。


「（一）ヴァッジ人は、しばしば会議を開き、会議には多勢の人が参集する。（二）ヴァッジ人は、共同して集合し、共同して行動し、共同してヴァッジ族としてなすべきことをなす。（三）ヴァッジ人は、いまだ定められていないことを定めず、すでに定められたことを破らず、往昔に定められたヴァッジ人の法に従って行動しようとする。（四）ヴァッジ人は、ヴァッジ族のうちのヴァッジ古老を敬い、尊び、崇め、もてなし、そうして彼らの言を聴くべきものと思う。（五）ヴァッジ人は、宗族の婦女・童女をば暴力もて連れ出しかかえ留めることをなさない。（六）ヴァッジ人は（都市の）内外のヴァッジ人のヴァッジ霊地を敬い、尊び、崇め、支持し、そうして以前に与えられ、以前になされたる、法に適った彼らの供物を廃することがない。(七) ヴァッジ人が真人(尊敬さるべき修行者)たちに、正当の保護と防禦と支持とを与えてよくそなえ、いまだきたらざる真人たちが、この領土に入るであろうことを、またすでにきた真人たちが、領土のうちに安らかに住まうであろうことを願う。」

そこで世尊はヴァッサカーラ大臣に答えた。

「バラモンよ。かつてあるとき私は、ヴェーサーリーのサーランダダ霊域に住んでいた。そこで、私はヴァッジ人に衰亡をきたさざるための法を説いた。この七つがヴァッジ人の間に存し、またヴァッジ人がこの七つを守っているのが見られるかぎりは、ヴァッジ人に繁栄が期待せられ、衰亡はないであろう。」

そう教えられてヴァッサカーラはいった。

「君ゴータマよ。以上のうち一つをそなえているだけでも、ヴァッジ族はマガダ王が手をつけるわけにはゆかないでしょう。いわんやすべてをそなえているなら、なおさらです。ゴータマさまよ。さあ、出かけましょう。われわれは忙しくてなすべきことが多いのです。」

ゴータマは答えた、「バラモンよ。ちょうどよい時だと思うなら、お出かけなさい。」
そこでヴァッサカーラは座を立って去った。

そこで世尊は次の鷲の峰の講堂に王舎城にいるかぎりの修行僧たちを集めて、ヴァッジ人たちに行なったのと同様に、修行僧たちに向かって「衰亡をきたさない七種の法」なるものを幾通りも説いたということになっている。すなわち教団が衰えないためにはどうしたらよいか、ということを説き教えたというのである。しかしこれは、後世になって「鷲の山」が、神話的に神聖視される時代になってからつくられた話であって、歴史的事実ではないと考えられる。(一) まず第一に『スッタニパータ』によってみると初期の比丘たちは、洞窟の中だの、樹木の陰だの、塚の間だのに住んでいて、「講堂」というようなものをもっていなかった。「講堂」がつくられたのは、仏教教団が発展したある時期以後である。(二) また現実の鷲の山は灌木に蔽われた巍々たる奇岩怪石のある岩山であって、講堂など建てる余地がない。現在小さな遺跡が見つかっているが、それはグプタ王朝以後のものと推定されている。(三) 鷲の山は日光の直射の照り返しが強くて、修行僧たちがいたとしても洞窟の中にいなければ、過ごすことができない。日中に歩むことは困難である。ところで現在そこには、多数の洞窟が残っているが、おおぜいを収容することは不可能であったと考えられる。鷲の山の洞窟はみな素朴な小さなものであって、アジャンターやエッローラの大窟院とはぜんぜん規模を異にしている。

二　旅に出る

ついで、釈尊は、鷲の峰を出て、王舎城のアンバラッティカー園にある王の家に赴き、それからナーランダーにいって、パーヴァーリカーというマンゴー樹の園にとどまり、それからパータリ村にいったということになっている（パーリ本による。しかし、パーリ本一ノ十二―十八は梵本および有部本に相応文がないから、後世の付加である）。ナーランダーはちょうど王舎城からパータリ村にゆく通路にあたっているので、釈尊がそこを通ったということは十分に考えられるけれども、当時ナーランダーがとくに重要な土地であったかどうか不明である。おそらく後世にナーランダーが重要となったので、パーリ本にとくに明記されるにいたったのであろう。

それから釈尊は、「アーナンダよ。パータリ村へ連れていってくれ。」といった。アーナンダは「かしこまりました。尊者よ。」と答えた。それから二人はパータリ村へいったのであるが、そのさいに若干の修行僧もつき従っていたのであろう。

このパータリ村は当時はガンジス川の船着場にすぎなかったのであるが、後のナンダ王朝ないしマウリヤ王朝時代にはインド全体の首都となって繁栄する。現在のパトナ市に相当する。

釈尊がパータリ村に着くと、信徒たちが、歓迎に出てきた。そのありさまをパーリ文（梵文と共通の部分）では次のように伝えている。

「パータリ村の在俗信徒たちは、『尊師がパータリ村に到達せられたそうだ』ということを聞いた。そこでパータリ村の在俗信徒たちは、尊師のおられる所へ赴いた。赴いてから、世尊に挨拶して一方に坐した。さて、尊師はパータリ村の在俗信徒たちに告げた。」

そのときの状景をパーリ本ではとくに詳しく生き生きと述べている。

「ここにパータリ村の在俗信者たちは、尊師にこういった。『世尊よ、どうかわれわれの休息所でお休みくださいますように。』と。世尊は沈黙によって同意を示された。さて、パータリ村の在俗信者たちは、尊師の同意を知って、座から立ち、世尊に挨拶し、右肩を向けてめぐり、休息所に近づいた。近づいて、いっさいの敷物を休息所のうちに広げて、席を設け、水瓶を置き、油灯を立て終わって、尊師に近づいた。近づいて、世尊に挨拶して、一方に立った。一方に立って、パータリ村の在俗信者たちは尊師にこのようにいった、『尊者よ。休息所にはいっさいの敷物が広げられ、席が設けられ、水瓶は置かれ、油灯が立てられました。尊者よ、世尊は今が（休息のために）適時だとお考えくださるのでしょう。』と。」

この記述はおそらく事実であったろうと思われる。現代でもインドの奥地へいってとまると、ちょうどこのとおりの世話を受ける。水瓶は、現在では素焼きまたは金属製で、飲料水をたくわえ、また手を洗うために用いる。

「そこで尊師は、下衣を着し、衣鉢を取って、修行者たちとともに休息所に近づいた。近づいて、両足を洗い、休息所にはいって、中央の柱によって、東に面してすわった。修行僧たちもまた両足を洗って休息所に入り、西の壁によって、東に面して、尊師に従ってすわった。パータリ村の在俗信者たちも、また、両脚を洗って、休息所に入り、東の壁によって、西に面して、尊師に従って坐した。」

諸本によると、釈尊はここで、在俗信者たちに、戒を守るべきことを説いた。

「そのとき、マガダ大臣スニーダとヴァッサカーラとは、ヴァッジ人(の侵入)を防ぐために、パータリ村に城市を築きつつあった。」

他の諸本では、ヴァルシャーカーラというひとりの大臣の名だけをあげているにすぎない。ともかく、この大臣が釈尊と比丘たちを、自宅に招待した。たとい大臣であったとしても、自宅に招待できるくらいの人数であったから、おおぜいではなかったのであろう。

ゴータマ・ブッダはここで、都市の建設には、都市を守る神の冥助が必要であるということを説いたようである。その思想は、次の詩句がよく示している。

「聖者の生まれなる者の
住居を定める地方には
そこに、戒を保ちみずから制せる梵行者を守って
そこに（都の）神がいるならば
彼らに供物をささげよ。
彼らは敬われて彼を敬い
崇敬されて、彼を崇敬する。
かくて彼を愛護すること、
あたかも母がみずからの子を愛護するようなものである。
神の冥々の保護を受けている人は、つねに幸福を見る。」

ついで釈尊はガンジス川を渡るのであるが、パーリ本によると、「尊師は、ある人々が舟を求め、ある人々はいかだを求め、ある人々は浮き袋を結びつけて、あちらとこちらへゆき

きしようとしているのを見た。そこで尊師はこのことを知って、そのときこの詩句をひとりつぶやいた。」といって次の詩句を引用している。

「深所を捨てて橋をつくって、海や沼を渡る人々もある。浮き袋を結びつけて、いかだをつくって渡る人々もある。渡り終わった人々は、賢者である。」

右の詩句は、おそらくパーリ文以外の諸本が続いて引用する他の詩句が示すように、苦しみの生存をわたり終わった聖者をたたえたのであろう。しかし、それにも増して、交通が不便であった時代に、橋やいかだをつくって、実際に交通の便を開いてくれる人々に対する賞讃の気持が含められている、とみてよいであろう。仏教は、ジャイナ教と非常によく似ているにもかかわらず、ジャイナ教とは異なって、ものをつくる道徳が賞讃され、大乗仏教になるといよいよ強調されるが、その萌芽がここに見られるのである。

釈尊はガンジス川を渡ってから比丘たちを連れて、コーティ村に赴いて、しばらくそこにとどまり、それから、ナーディカ村に赴いて「煉瓦堂」のうちに住した。ナーディカ村は、梵本によると、ヴァッジ族の地方のうちにあった。

ところで、釈尊はこの二つの村にいったときにも、法話を述べたのであるが、その内容は諸本によって非常に相違するので、実際は何を説いたのか、よくはわからない。しかし仏教には種々の教えが説かれていても、帰するところは、一なのであるから、どれによったとしても、実践に関してはそれほど異なるところはなかったと考えられる。

三　商業都市ヴェーサーリー

それからゴータマはヴェーサーリーの都に赴いた。ヴェーサーリーは当時商業都市として栄えていた。現在ガンタク河畔のヴェサルフ村は、その遺跡である。しかし、彼はその都市の中に住むのを好まなかったのであろう。マガダでも首都・王舎城の外に住んでいたように、雑沓から離れた郊外の閑静な所に住むのを好んだらしい。古い詩にも「釈尊はヴェーサーリーの森に住したもう」という。ところで、ゴータマは今この場合には、娼婦であったアンバパーリの所有する林にとどまった。

「娼婦アンバパーリは、『釈尊がヴェーサーリーにこられて、ヴェーサーリーのうちの私のマンゴー林におられるそうだ。』と聞いた。そこで娼婦アンバパーリは麗わしい乗り物に乗って、ヴェーサーリーの外に出て、自分の園に赴いた。」

当時、高等の娼婦は、かなり富裕であって、このような園林を所有していたのである。娼婦が富裕であって、ジャイナ教の寺院にりっぱな寄進をしたことは、マトゥラーから発見された銘文（西紀前一、二世紀）からも知られている。アンバパーリは容姿美しく、財産もあり、物質的に豊かであって、かねてから釈尊に帰依していた、といわれている。

「彼女は、尊師に近づいて挨拶して、一方に坐した。一方に坐した娼婦アンバパーリを、世尊は法話をもって教え、諭し、励まし、喜ばしめた。そこで彼女は尊師にいった。──『尊者よ。世尊は明日私の家で、比丘らとともに、お食事をなさってください。』と。尊師は沈黙をもって同意を示された。そこで彼女は尊師の同意を知って、座から立って、世尊に挨拶し、右肩を向けて回って、出ていった。」

次に帰途、彼女の車がリッチャヴィ族の若者どもの車とぶつかったこと、釈尊を供養することを彼らに譲れ、と頼んだが、彼女が承知しなかった、という話がパーリ本に記されているが、梵本・チベット本・有部本には見られないから、後世の創作であろう。

ついでリッチャヴィ人たちが車に乗って、世尊のもとに赴いた。釈尊は同様に彼らを「法話をもって教え、諭し、励まし、喜ばしめた。」

「彼らは尊師にいった。『尊者よ、尊師は明日私どもの家で修行僧らとともに、お食事をなさってください。』と。『リッチャヴィ人らよ。私はすでに、明日、娼婦アンバパーリから、食事を受けることを約束しました。』『ああ残念だ。われわれは、たかが婦女子に負けてしまった。ああ残念だ。われわれは、つまらぬ婦女子にだまされた。』そこで彼らリッチャヴィ人どもは尊師の言葉を喜び感謝して、座から立って、尊師に敬礼して、右肩を向けて回って出ていった。」

この話からみると、先約を重んずるという世俗人の道徳を出家修行者ゴータマも守っていたことが知られる。

またゴータマの旅行は小人数の比丘を連れての、まことにめだたぬ巡歴であった。たまたまアンバパーリの林にはいって住んだから、彼女の耳に先にはいったまでである。リッチャヴィ族の貴公子たちが、あとで聞き知ったほどであるから、あらかじめ連絡はしてなかったのであろう。またアンバパーリの林の中にとどまったというからには、おそらく野宿である。北方インドでは雨期以外には雨が降らないし、また暖かであるから、林の中に野宿していても、いっこうにさしつかえない。

「さて娼婦アンバパーリは、その夜の間に自分の園に美味のかむ食物・吸う食物を準備せしめて、世尊に時を告げた。――『尊者よ。時間でございます。お食事の用意ができました。』と。そこで世尊は、朝早く、下衣を着け、衣鉢を取って、修行僧らとともに娼婦アンバパーリの住居に赴いた。赴いて、設けられた席に坐した。

さて娼婦アンバパーリは仏を上首とする修行僧のつどいに、手ずから、美味のかむ食物・吸う食物をもって、満足せしめて、給仕した。

さて、尊師が食し終わり、鉢と手とを洗われたときに、娼婦アンバパーリは他の低い席をとって、一方に坐した。そこで世尊は法話をもって娼婦アンバパーリを教え、諭し、励まし、喜ばせ、座から立って去っていった。」

この光景も南方アジアの仏教諸国で見られるのとそっくりである。南方アジアの人々は食べるのに箸やフォークを使わないで、手の指を用いるから、食事のあとでは指を洗わねばならない。また、修行僧は、日本の禅僧が行なうように、食器を洗って、それを飲んでしまう。

四　一生の回顧

それから釈尊は竹林村に赴いて、そこにとどまった。そのときはインド特有の雨期が迫ってきたらしい。ここで彼は修行僧らに告げた。

「ゆけ、汝ら修行僧よ。ヴェーサーリーのあたりで、友人を頼り、知人を頼り、親友を頼って雨期の定住（雨安居）にはいれ、わたしもまたここの竹林村で雨期の定住にはいろう。」

修行僧らも釈尊もそのとおりに実行した、という。

おそらく、この竹林村にも、また近くの商業都市ヴェーサーリーにも、多くの修行者が雨期の間共住しうるような寺院や僧院はまだ建てられていなかったので、分散せざるをえなかったのであろう。そうして食糧難をのり越えるためにも分散したほうが有利であった。釈尊はこの竹林村にとどまったのであるが、随従した人としてはアーナンダのすがたのみがはっきりと記されている。おそらく彼につき従った人はあまりいなかったのであろう。

「ここで尊師が雨期の定住にはいられたとき、恐ろしい病いが生じ、死ぬほどの激痛が起こった。」

しかし世尊は、禅定にはいってこの苦痛を堪え忍んだ。

アーナンダは釈尊に近づき、最後の説法を懇請する。釈尊は説く。

「アーナンダよ、修行僧らは私に何を待望するのであるか？　私は内外の区別なしに（ことごとく）法を説いた。全き人の教法には、何ものかを弟子に隠すような教師の握拳は、存在しない。『私は修行僧のなかまを導くであろう』とか、あるいは『修行僧のなかまは私に頼っている』とこのように思う者こそ、修行僧のつどいに関して何事かを語るであろう。しかし向上に努めた人は『私は修行僧のなかまを導くであろう』とか、あるいは『修行僧のなかまは我に頼っている』とか思うことがない。向上に努めた人は修行僧のつどいに関して何を語るであろうか。アーナンダよ、私はもう老い朽ち、齢をかさね老衰し、人生の旅路を通り過ぎ、老齢に達して、わが齢は八十となった。アーナンダよ。たとえば古ぼけた車が革紐の助けによってやっと動いてゆくように、わたしの車体も革紐の助けによってもっているのだ。しかし、アーナンダよ、向上に努めた人がいっさいの相を心にとどめることなくいちいちの感受を滅したことによって、相のない心の統一にはいってとどまるとき、そのとき、彼の身体は健全なのである。それゆえに、アーナンダよ、この世でみずからを島とし、みずからをよりどころとして、他人をよりどころとせず、法を島とし、法をよりどころとして、他のものをよりどころとせずにあれ。」

ゆえにゴータマ・ブッダは、右の文からみて明らかなように、自分が教団の指導者であるということをみずから否定している。頼るべきものはめいめいの自己であり、それはまた普遍的な法に合致すべきものである。「親鸞は弟子一人もたず」という告白が、歴史的人物としてのゴータマ・ブッダの右の教えと何ら直接の連絡はないにもかかわらず、論理的には何かしらつながるものである。

「そこで尊師は午前に下衣を着け、衣鉢を取って、托鉢のためにヴェーサーリーにはいっていった。托鉢から帰って食事をすませて、アーナンダに告げた――

『アーナンダよ、敷具をたずさえてゆけ。日中の休息をとるために、チャーパーラ霊樹の所へいこう。』と。

……そこで尊師はチャーパーラ霊樹のもとに赴いた。」

「霊樹」とはパーリ語でチェーティヤ、サンスクリット語でチャイティヤである。チェーティヤは一般に「廟」と訳されるが、その観念をここにもちこむと誤りにおちいる。「廟」

とか「礼堂」とか訳されうる石造または煉瓦造りのチェーティヤは、早くともマウリヤ王朝、あるいはそれ以後に造られたものであって、それ以前の考古学的遺跡は発見されていない。ここでゴータマ・ブッダの時代に意味されているものは、もっと原始的なチェーティヤである。チャイティヤとは、citā（火葬の薪）からつくられた語であって、死者の遺骨の上につくられた塚またはその場所に植えられた樹木を意味する。これは、バラモン教・仏教・ジャイナ教を通じて最古代における意味であった。ところで後に仏教徒やジャイナ教徒が亡くなった聖者の遺骨や遺品の上に塚をつくるようになってからは、それはストゥーパ（塔、記念の塚）と同義に解せられ、後世では一般的に、礼堂、納骨堂、聖樹などを意味するようになった。今ゴータマ・ブッダの時代には、神聖だと見なされた大きな樹木がヴェーサーリーの郊外にあって、その樹陰で釈尊とアーナンダとは、暑い日光の直射を避けて休息していたのである。雨期のあけた夏には、日中は相当に暑い。どこかで休まねばならぬ。

なおパーリ本には釈尊はここで、

「アーナンダよ、ヴェーサーリーは楽しい。ウデーナ霊樹は楽しい。ゴータマカ霊樹は楽しい。サッタンバカ霊樹は楽しい。バフプッタ霊樹は楽しい。サーランダダ霊樹は楽しい。チャーパーラ霊樹は楽しい。」

という感想を発したという。

なおサンスクリット本には、釈尊の感想として、

「この世界は美しいものだし、人間のいのちは甘美なものだ。」

と記され、漢訳には、

「この世界の土地は五色もて描いたようなもので、人がこの世に生まれたならば、生きているのが、楽しいことだ。」（閻浮提地、如五色画、人王於世、以寿為楽）（失訳本）。

と記されている。人が死ぬとき、この世の名残りを惜しみ、死にさいして今さらながらこの世の美しさと人間の恩愛にうたれる。それがまた人間としての釈尊の心境であった、と昔のインドの仏教徒も考えていたのである。

次に悪魔がきて釈尊に入滅を勧め、釈尊がそれに応じて入滅の決意をする。この話がどの諸本にも非常に長く述べられていて、法顕本はここから始まる。おそらく釈尊が亡くなってから、彼を思慕する後代の人々が、「超人的に偉い人であった釈尊は永遠の存在でなければならぬから、普通人のように死亡することはありえない。それには、かならず理由がなければならぬ。釈尊は入滅の決意に従って、みずから入滅されたのだ。」と考えて、これを『大パリニッバーナ経』の中心のテーマとしてとりあげたのである。だからこそ、法顕本はここから始まっている。

そうしてよく考えてみると、このようなテーマのとりあげかたは法華経の場合と本質的に異なっていない。この意味において法華経の精神は原始仏教に由来しているということができる。

しかし今われわれが伝説や神話の釈尊ではなくて、歴史的人物としてのゴータマ・ブッダの実際の生涯を明らかにするという立場に立つならば、右の神話は、排除して考えなければならない。ただ次の詩句は右の伝説ができあがるためのもととなったものであり、臨終にあたってのゴータマの心境をよく表明している。

「わが齢は熟した。

わが余命はいくばくもない。

汝らを捨てて、私はゆくであろう。

私は自己に帰依することをした。

修行僧らよ、汝らは精励にして正しく気をつけ、よく戒を保ってあれ。

思惟によってよく心を統一し、
おのが心を守れよ。

この法と律とに精励するであろう者は、生の流転を捨てて、苦の終末をもたらすであろう。」


ついで彼はヴェーサーリーを去るのであるが、「世尊は、ゾウの眺めるようにヴェーサーリーを眺めてアーナンダにいった。『アーナンダよ。これは私がヴェーサーリーを見る最後の眺めであろう。さあ、アーナンダよ。バンダ村へゆこう。』と。」

思いは尽きぬ別れである。

五　鍛冶工チュンダ

それから釈尊は（パーリ本によると）、バンダ村、ハッティ村、アンバ村、ジャンブ村、ボーガ市を通ってパーヴァー村に赴くのであるが、通過した地名は、諸本によって非常に相違している。ただパーヴァー村へいったということだけが一致している。

「それから尊師はパーヴァーに赴いた。そこで世尊はパーヴァーにおいて、鍛冶工の子であるチュンダのマンゴーの林にとどまった。鍛冶工の子であるチュンダは聞いた。──『尊師はじつにパーヴァーに到着して、わがマンゴーの林にとどまっておられるとのことだ。』と。そこで鍛冶工の子であるチュンダは尊師のおられる所に近づいた。世尊に近づいて敬礼して一方に坐した。じつに一方に坐した鍛冶工の子チュンダに、世尊は法にもとづいた話をして教え、諭し、激励し、喜ばせた。」

ではそこでどのような説法がなされたか。

パーリ文の『大パリニッバーナ経』には何も記されていないが、諸本（梵本・チベット本・有部本）には一連の詩句を伝えていて、それがまた『スッタニパータ』のうちに伝えられている。

「鍛冶工の子チュンダがいった、

『大いなる智慧ある聖者、仏、法主、愛執を離れた人、人類の最上者。すぐれた御者に私はお尋ねします。——世間にはどれだけの道の人（沙門）がいますか？ どうぞお示しください。』

世尊はいわれた。

『チュンダよ。四種の道の人があり、第五の者はありません。現に問われたのだから、それらをあなたに明かしましょう。——〈道による勝者〉と〈道を説く者〉と〈道に生きる者〉とおよび〈道を汚す者〉とです。』

鍛冶工チュンダはいった。

『もろもろの悟れる人は誰を〈道による勝者〉と呼ばれるのですか？ また〈道を思

う人〉はどうして無比なのですか？　またお尋ねしますが、〈道によって生きる〉ということを説いてください。また〈道を汚す者〉を私に明かしてください。』

（釈尊いわく）『疑いを超え、苦悩を離れ、安らぎを楽しみ、貪欲を除き、神々を含む世界を導く人、――かかる人を〈道による勝者〉であるともろもろの悟れる人は説く。

この世で最上のものを最上のものであると知り、ここで法を説き判別する人、疑いを断ち不動なる聖者を、修行者どものうちで第二の〈道を説く者〉と呼ぶ。

善く説かれた法句なる道に生き、みずから制し、念いあり、とがの無い言葉を奉じている人を、修行者どものうちで、第三の〈道によって生きる者〉と呼ぶ。

善く誓戒を守っている者のふりをして、押し強くして、家門を汚し、傲慢で、偽りあり、自制心なく、おしゃべりで、しかも殊勝らしく行なう者、――彼は〈道を汚す者〉である。

学識あり聡明な在家の聖なる信徒は〈彼ら（四種の修行者）はすべてかくのごとくである〉と知って、彼らを洞察し、このように見ても、彼の信はなくならない。彼はどうして、汚れたものと汚れていないものと、浄い者と浄くない者とを同一視することがあろうか。』」

ともかく右の一連の詩句はそのときの説法の要領を後の人がまとめたものである。実際の説法はもっと長く行なわれたにちがいないが、後の人がこのように短く、しかも問答体の詩にまとめたのであると考えられる。

ついでゴータマは重い病いを患う。

「さて世尊が鍛冶工の子チュンダの食物を食べられたとき、重い病いが起こり、赤い血がほとばしり出る、死にいたらんとする激しい苦痛が生じた。尊師はじつに正しく念い、気をおちつけて、悩まされることなく、その苦痛を耐え忍んでいた。

さて世尊はアーナンダに告げられた、『さあ、アーナンダよ、我らはクシナーラーへ赴こう。』と。

『かしこまりました、尊者よ。』とアーナンダは答えた。」

このあとにパーリ文には次の詩句がある。

「かくのごとくに私は聞いた、――鍛冶工であるチュンダの食物を食《め》して、賢者は、ついに死にいたる激しい病いに罹られた。キノコを食べられたので、師に激しい病いが起こった。

下痢しながらも尊師はいわれた、『私はクシナーラーの都市にいこう。』と。」

右の詩から明らかなように、鍛冶工チュンダのささげた、キノコの料理を食べて、その毒にあたって、激しい下痢に悩んだのであった。

六　臨終

それから臨終の地クシナーラーに向かって歩みを進めるのであるが、それは現在カシアの町のはずれにあたる。

釈尊はヒラニヤヴァティー川に向かって路を進んだのであるが、

「世尊は路から退いて、一本の樹の根もとに近づかれた。近づいてからアーナンダにいった。

『さあ、アーナンダよ。おまえは私のために上衣を四重にして敷いてくれ。アーナンダよ。私は疲れた。私はすわりたい。』

『かしこまりました。尊者よ。』と、アーナンダは尊師に答えて、上衣を四重にして敷いた。

世尊は設けられた座にすわった。すわってから、尊師はアーナンダにいった、『さあ、アーナンダよ。私に水を持ってきてくれ。私はのどが渇いている。アーナンダよ、私は飲みたいのだ。』」


そういわれて、愛弟子アーナンダは水を汲んできて釈尊に水を飲ませるのであるが、そのとき一種の奇跡の起こったことを聖典は伝えている。

ついでマッラ人であるプックサがクシナーラーからパーヴァーに向かっての道を歩いてきた。彼は、アーラーラ・カーラーマの弟子であったというし（パーリ本）、マッラ族の大臣であったともいう。彼は釈尊が一つの樹木の根もとに坐しているのを見て、心うたれた。

「プックサは、つやつやした金色の一対の衣をもってこさせた。師はこれを身に着けて金色に輝いた。」

ところが散文作者は「如来の皮膚の色が非常に清らかで麗わしい」という見解を述べている。彼はゴータマ・ブッダをすでに神格化し始めているのである。

「『さあ、アーナンダよ、われわれはカクター川の所へいこう。』『かしこまりました、尊者よ。』と長老アーナンダは、世尊に答えた。」

そこで彼らはカクター川に赴いた。

「ブッダは、水の清く快く澄んでいるカクター川に赴き、世に比ぶべき者のない全き人・師はまったく疲れきって、流れにはいった。師は浴しまた飲んで、(流れを)渡り、修行僧の群れの中にあって先頭に立っていった。この世で法を説く師・尊師・偉大なる仙人は、マンゴーの林に近づいた。

チュンダカという名の比丘（修行僧）に『わがために四つ折りの衣の床を敷けよ。』と告げた。彼チュンダは、修養をつんだ人（釈尊）にうながされて速やかに四つ折りを敷いた。

師はまったく疲れきって臥した。チュンダもそこに（釈尊の）前に坐した。」


チュンダとチュンダカとは同一人である。鍛冶工であるチュンダがここで比丘と呼ばれている理由は不明である。このときは鍛冶工として俗人であっても、後に出家して比丘となったので、後の詩句作者がこのように呼んだのであろうか。

それから彼らはクシナーラーに赴いた。


「世尊はヒラニヤヴァティー川の彼岸にあるクシナーラーのマッラ族のウパヴァッタナに赴いた。そこに赴いて、アーナンダに告げていった。——

『さあ、アーナンダよ。私のために、サーラーの双樹の間に、頭を北に向けて床を敷いてくれ。アーナンダよ。私は疲れた。横になりたい。』と。

『かしこまりました、尊者よ。』と世尊に答えて、アーナンダはサーラーの双樹の間に、頭を北に向けて床を敷いた。そこで尊師は右脇で、足の上に足を重ね、シシ座をしつらえて、正しい念い、正しく心をとどめていた。」

現在でもクシナガラから一マイルたらずの所に、今でもヒラニヤヴァティーと呼ばれる小川がある。今は川幅数メートルにすぎないが、昔は大きな川であったと土地の人は語り伝えている。クシナガラのあたりは一面の沃野であり、イネやカンショの田畑が続いているが、そこにはジャンブー、マンゴー樹などがあり、サーラーの木も今なお散在している。密生してはいない。その風土的環境は約二千五百年前でも同様であり、北インドの他の地方と同様に、灌木や草がすこしずつ生えている間に大きなサーラーの木が二本そびえ立っていたのであろう（しかし「沙羅双樹」と見なしうる双樹は現在は残っていない）。ここに住んでいたマッラ族も一種の共和政治を行ない、何か特別の用件があるときには公会堂に集合して会議を開いたと伝えられている。

釈尊が病い重く、横臥しているとき「アーナンダは尊師の背後にいて敷物によりかかって、涙を流して泣いていた」のであるが、そのありさまを見て、釈尊は次のように教えた。

「やめよ、アーナンダよ。悲しむなかれ、嘆くなかれ。アーナンダよ。私はかつてこのように説いたではないか、――すべての愛するもの・好むものからも別れ、離れ、異なるにいたるということを。およそ生じ、存在し、つくられ、破壊さるべきものであるのに、それが破滅しないように、ということが、どうしてありえようか。アーナンダよ。かかることわりは存在しない。アーナンダよ。長い間、お前は、慈愛ある、ためを図る、安楽な、純一なる、無量の、身と言葉と心との行為によって、向上しきたれる人（ゴータマ）に仕えてくれた。アーナンダよ、おまえは善いことをしてくれた。努め励むことを行なえ。速やかに汚れのないものとなるだろう。」

そこへマッラ族の人々が集まったので、「アーナンダは、尊師に敬礼せしめた。」おそらく実際は遠くから旅してきた修行者が病気で寝ているから、というので、同情心と好奇心とから集まってきたのであろう。ところがアーナンダが彼らをして釈尊に敬礼せしめたのである。

「そのときスバッダという名の遍歴行者がクシナーラーに住んでいた。遍歴行者スバッダは『今夜最後のときに道の人ゴータマは亡くなるであろうとのことだ。』と聞いた。……彼はアーナンダのもとに近づいていった。……『私にはこの疑いが起こっている。しかし〈私がこの疑いを捨てることができるような教法を道の人ゴータマは説くことができる〉と。このように私は道の人ゴータマに信頼をいだいている。さあ、アーナンダさん。道の人ゴータマに会わしてください。』と。

こういったときアーナンダは答えた、『スバッダさん。修行を続けてこられたかたを悩ましてはなりません。先生は疲れておられるのです。』

スバッダは三度言い張ったが、アーナンダは三度とも拒絶した。

尊師は、アーナンダがスバッダとこの会話を交わしているのを聞いた。そこで尊師はアーナンダに告げた。『やめなさい、アーナンダよ。遍歴行者スバッダを妨げるな。はいってこい。何でも欲することを聞け。』と。

そこで遍歴行者スバッダは尊師のもとに赴いた。……彼は一方に坐して尊師にこのことを尋ねた。

『ゴータマさんよ。このもろもろの人やバラモンたち、つどいをもち、徒衆をもち、徒衆の師で、知られ、名声あり、開祖として大衆に崇敬されている人々、たとえば、プーラナ・カッサパ、マッカリ・ゴーサーラ、アジタ・ケーサカンバリン、パクダ・カッチャーヤナ、サンジャヤ・ベーラッティプッタ、ニガンタ・ナータプッタ――彼らすべてはおのが智をもって知ったのですか？　あるいはすべて知っていないのですか？　そのあるものは知っていて、あるものは知らないのですか？』」

この疑問に対して釈尊は直接に答えることなく、次のように答えたということが詩のかたちで伝えられている。

「スバッダよ、私は二十九歳で善を求めて出家した。
スバッダよ、私は出家してから五十年余となった。
正理と法の領域のみをあゆんできた。
これ以外には〈道の人〉なるものも存在しない。」

かくしてスバッダは釈尊の最後の弟子となった。

散文の部分では、「いかなる法と律とにおいても、八聖道の見出されるところには、第一ないし第四の道の人が見出される。もろもろの道の人がお互いに行なう他のもろもろの論議は空虚である。」という説明が、諸本に共通に見出される。しかし白法祖本にはないから、後世の付加であろう。そうして「第一ないし第四の道の人」という文句はおそらく前掲の四種の道の人のことを考えていたのであろう。

ここでわれわれは非常に興味ある思想的変革を見出すことができる。歴史的人物としてのゴータマはその臨終においてさえも、仏教というものを説かなかった。彼の説いたのはいかなる思想家・宗教家でもあゆむべき真実の道である。ところが後世の経典作者は右の詩に接続して、仏教という特殊な教えをつくってしまったのである。

ついで釈尊は深更に亡くなったのであるが、それについて古く詩によってその事件が詠ぜられた。

「世間におけるいっさいの生あるものどもは、ついには身体を捨てるであろう。
あたかも世間において比すべき人なき、かくのごとき師、力をそなえた修行実践者、正覚者が亡くなったように。」

「つくられたものはじつに無常であり、生滅の性あるものである。生じては滅びる。これら（つくられたもの）の安らいが安楽である。」

「心の安住せるかくのごとき人にはすでに呼吸がなかった。欲を離れた聖者は安らいに達して亡くなられたのである。」

「ひるまぬ心をもって苦しみを耐え忍ばれた。あたかも灯火の消え失せるように、心が解脱したのである。」

「そのときこの恐ろしいことがあった。そのとき髪の毛のよだつことがあった。——あらゆる美徳をそなえた正覚者がお亡くなりになったとき。」


では、ここにいう「恐ろしいこと」とは何であったか。経典の、散文の部分によると、大地震が起こったのだという。おそらく後世になってから釈尊の死を印象づけるために、こういう伝説が成立したのであろう。

これらの詩句を説いた人々は経典によっていろいろに、伝えられていて一致しない。これらの詩句は釈尊の入滅の当時のことを伝えたものとして古来暗誦されていたが、これらの経典がつくられたときに、それぞれの詩句を何らかの人物または神々にあてはめたのである。経典の説明はこのように一致しないにもかかわらず、ゴータマ・ブッダの死のかもし出した雰囲気は紛うべくもなく、われわれに迫ってくる。そこには一点の疑問の余地もない。ゴータマ・ブッダは弟子や信者たちに見守られながら、安らかに息をひきとった。それはいささかも曇りや汚れを残さない、しめやかな愛情と親和感にみちた臨終であった。

七　死を悼む

「そのとき尊者大カッサパはパーヴァーからクシナーラーに至る大道を、多くの修行僧の集り、すなわち五百人の修行僧とともに歩いていた。さて尊者大カッサパは、道から退いて一つの樹木の根もとに坐した。

そのとき、あるアージーヴィカ行者がマンダーラ華を持って、クシナーラーからパーヴァーに至る大道をあゆんでいた。尊者・大カッサパは遠方からアージーヴィカのくるのを見た。そのアージーヴィカを見ていった。

『友よ。われらの師を知っておられますか?』と。『そうです。友よ。わたしは知っています。今日から七日前に道の人ゴータマは亡くなりました。ですから、私はこのマンダーラ華を持っているのです。』と。」

インドでは今日でも釈尊についての式典というと、ヒンズーの行者が花や水瓶を手に持って、お詣りにやってくる。この時代においてもアージーヴィカ教徒はかならずしもゴータマに対して特別の帰依心をいだいていたのではなかったであろうから、ただ偉大な宗教家の死を弔うために、華を持って歩いていたのであろう。ここにわれわれはインド的な宗派観の一つの特徴を見出すことができる。

「そこで愛執をまだ離れていない、かの修行僧らのある者どもは、両腕を伸ばして泣き、砕かれた岩のように打ち倒れ、転び回った。『あまりにも早く世尊はお亡くなりになった。あまりにも早く、善き幸あるかたはお亡くなりになった。あまりにも早く世間の眼はお隠れになった。』と、いって。

しかし愛執を離れたかの修行僧どもは、正しく念い、正しく気をつけて耐え忍んだ。

『つくられたものは無常である。ここでどうして（滅びないことが）ありえようか。』といって。」

いかなる偉大な宗教家でも、すべての人を心服せしめるということはできなかったらしい。釈尊の臨終にも異分子が加わっていた。

「そのとき一人の年老いた（修行僧）が、その時機にふさわしからぬ言葉を発した。『やめよ、友よ。悲しむな。嘆くな。我らはかの偉大な修行者からまったく解放された。〈このことはしてもよい。このことはしてはならない〉といって、われわれは圧迫されていたが、今これからは、われわれは何でも欲することをしよう。また欲しないことをしないであろう。』と。

大カッサパはこの言葉を聞いて喜ばなかった。」

釈尊の葬送に関してはあまりにも神話的・奇跡的な説明が多くて、どこまでが歴史的事実であるか判明しない。ただ次の一文は比較的に事実に近いと思われる。

「そのときクシナーラーのマッラ族は世尊の体を新しい布で包んだ。新しい布で包んでから、ときほごした綿で包んだ。ときほごした綿で包んでから、新しい衣をもって包んだ。こういう方法で五百重に世尊の体を包んで、鉄の油槽に入れ、他の鉄の油槽をもって覆い、すべての香料の薪をつくって、世尊の体を、薪の上に載せた。」

右の文にはまだたぶんの誇張があると思われるが、これに似たことをしたうえで火葬に付したことは確かであろう。死骸を新しい衣で包んで火葬に付することは今日でもなおインドで行なわれていることである。

釈尊がクシナーラーで亡くなったということを聞いて、マガダ王アジャータサットゥ、ヴェーサーリーのリッチャヴィ族、カピラヴァットゥのシャカ族、アッラカッパのブリ族、ラーマ村のコーリヤ族、ヴェータディーパのあるバラモン、パーヴァーのマッラ族の七者はそれぞれクシナーラーのマッラ族のもとに使者を遣わして、「世尊もクシャトリヤ族であり、我ら（我）もまたクシャトリヤ族である。我らもまた世尊の遺骨の一部分を受けるに値する。我ら（我）もまた世尊の遺骨を納めるストゥーパをつくって、祭りを行なおう。」といった。

ただしシャカ族が遺骨を請求した主張の理由は「世尊は我らの種族のもっともすぐれた人である。」ということであり、ヴェータディーパのバラモンは「世尊はクシャトリヤであり、我はバラモンである。」ということであったが、その他の点は、他の種族の人々と同じであった。「このようにいわれたときに、クシナーラーのマッラ族は、かの集まった人々に、このようにいった。——『世尊は我らの村の野でお亡くなりになったのである。われわれは世尊の遺骨の一部分をも与えないであろう。』と。」そこでドーナ・バラモンが争う彼らに告げた語として、次の詩が伝えられている。


「あなたがたは、私のただ一つの言葉をお聞きなさい。

我らのブッダは耐え忍ぶことを説くかたでありました。

最上の人の遺骨を分配することについて争うのは善くありません。

あなたがたよ。我らはすべてともに仲よくしてともに喜び合って八つに分配しましょう。

広く諸方にストゥーパあれかし。

多くの人々は眼ある人（仏）を信じています。」

ときにピッパラーヤナというバラモン学生もそこに集まっていて、遺骨の一部分を要求したが、もはや分配すべき遺骨がなかったので、灰を与えられた。したがって最初の八つの部族がそれぞれ遺骨の一部分をえて、八つの舎利塔がつくられ、そのほかに第九としてドーナ・バラモンが瓶塔をつくり、第十としてピッパラーヤナが灰塔をつくったという。ところが『大パリニッバーナ経』諸本最後には次の詩がある。

「眼ある人の遺骨は八斛ある。
七斛はインドで供養される。
最上の人の他の一斛は、
ラーマ村で、諸王に供養される。
一つの歯は忉利天《とうりてん》で供養され、
また一つの歯はガンダーラ市で供養される。
また一つの歯はカーリンダ王がえた。
また一つの歯を諸王が供養している。
その威光によってこの大地は、

最上の供養物によって飾られているのである。
かくのごとくこの眼ある人の遺骨は、
よく崇敬され、いともよく崇敬されている。
天王・諸王・人王に供養され、人間の最上者によってここに供養されている。
合掌して彼を礼拝せよ。
げに仏は百劫にもあうこと難し。」

ここでは非常に神話的な説明がなされている。そうして散文の部分の前掲の説明とかならずしも一致しないところがある。われわれとしては容易に歴史的真相をつきとめ難いけれども、遺骨が分配されたということは事実であろう。ただし、釈尊の死がマガダの国へ伝えられて、マガダから遺骨を要求した使者がクシナーラーに到着するには数週間を要したにちがいない。そうして遺骨をえた人々はそれぞれ故郷に持ち帰ってストゥーパ（記念の塚）を建ててその中に納めて供養することにしたのも事実であろう。この埋葬された遺骨を後にアショーカ王が掘り出して八万四千のストゥーパに分け納めて安置したという伝説がある。
一八九八年にカピラヴァットゥから約十三キロ隔たったピプラーワーで、イギリスの駐在官ペッペが一つの古墳を発掘したところ、その中から遺骨を納めた壺が発見された。それには西紀前数世紀の文字で「釈尊の遺骨」である旨が銘刻されているから、これは歴史的人物としてのゴータマ・ブッダの真実の遺骨である、と断定してよいであろう。

右の遺骨は仏教徒であるタイ国の王室に譲りわたされたが、その一部が日本の仏教徒に分与され、現在では、名古屋の覚王山日暹寺に納められ、諸宗交替で輪番する制度になっている。

すなわち、Bastī 地方の Birdpur Estate の Piprāhwā 村、ネパールとインドとの国境標識石（第四十四）の半マイル南のあたりに、直径百十六フィートの一つの塚（ストゥーパ）があった（それは直径約百三十八フィートのバッティプロールやアマラーヴァティーの大塔よりすこし小さい）。カピラヴァットゥから十マイル余り東南にあたる。それは多数の煉瓦が粘土の漆喰で固められて、幾重にも中心に向かって積み重ねられていた。一八九八年一月の初めに頂上から十フィートほど掘り下げたところ、凍石（soap-stone steatite）の瓶が発見された。その中には粘土がつまっていて、なかには珠玉・水晶・黄金の装飾品・cut-star などがあった。頂上から十フィートほど下がったところに円形のパイプがあり、それは土にみたされ、煉瓦（アショーカ時代の特徴を示す）で囲まれていた。直径一フートあったが、二フィートほど下になると直径四インチあった。周囲の煉瓦は型にはめて造られたものもあり、また荒削りのものもあった。その煉瓦造りの中を十八フィート掘ったところが一大石板があった。それは真北から真南に横たわり、上述の管の中心から三十一・五インチだけ東に置かれていた。その石板は4′4″×2′8¼″×2′2¼″の大きさのある砂岩の箱の蓋であった。その蓋はその箱のふちの溝にぴったりはまっていた。蓋をとると、中には、

高さ六インチ、直径四インチの砂岩の壺。

高さ七インチ、直径四インチ半の砂岩の壺。

高さ五インチ半、直径五インチ半の砂岩の器。

高さ一インチ半、直径三インチ四分の三の砂岩の小箱。

高さ三インチ半、直径三インチ四分の一の水晶の盤。これには蓋があった。蓋の取っ手は下向き、中空で魚のかたちをしていた。

砂岩の壺は鑿《のみ》のあとが現今のもののように新鮮・明瞭である。水晶盤はすっかり磨かれていて、今日のガラス盤のような外観を呈している。木製の器も若干あったが、いず

れも小破片となり、粉々になっていた。これらを入れた石棺は良質の堅い砂岩でつくられ、非常な労力と費用とをかけて大石塊を中空にしたものである。その石材はネパール北方の丘陵からえられたものではない。蓋の重量は四百八ポンドあり、蓋を含めて全石箱の重量は千五百三十七ポンドある。煉瓦造りはこの棺の下になお二フィート続いていた。煉瓦の基底からストゥーパの頂上まで二十一・六五フィートあった。骨壺は骨片を含んでいたが、骨だということがすぐわかり、まるで数日前に拾ったものであるかのごとき外観を呈していた。ただ一つの刻文は小さいほうの骨壺の蓋に刻せられていた。

その壺の中からは、数百の品が見つかったが、卍字を刻した印章（おそらく貨幣）が二個、またゾウの彫刻、小さな人形、鳥の彫刻、その他多数の宝石が現われた。さて刻文は次の文字より成る。

「これはシャカ族の仏・世尊の遺骨の龕であって、名誉ある兄弟ならびに姉妹・妻子どもの（奉祀せるもの）である。」

なお散文の部分によると、バラモンが釈尊の遺骨の一部を受けたということにも問題がある。最初期の仏教には、バラモンの信徒もいたわけである。そうして彼らが遺骨を供養する場合には、仏教的な葬儀は成立していなかったから、バラモン教的な儀式を行なったにちがいない。

以上ゴータマの全生涯を通じてみるに、彼の教示のしかたは、弁舌さわやかに人を魅了するのでもなく、また一つの信仰に向かって人を強迫するのでもない。異端に対して憤りを発することもない。単調にみえるほど平静な心境を保って、もの静かに温情をもって人に教えを説く。些細なことを語るときにも、非常な重大事を語るときにも、その態度は同様の調子であり、すこしも乱れを示していない。広々としたおちついた態度をもって異端をさえも包容してしまう。仏教が後世に広く世界にわたって人間の心のうちに温かい光をともすことができたのは、開祖ゴータマのこの性格に由来するところがたぶんにあると考えられる。

解説——〈道の人〉としてのゴータマと中村先生

玄侑宗久

なんとあの、中村元先生の本に何か書かせていただけるという。一応仏教者の端くれとしては身震いするほどの光栄である。仏教語では「有頂天」と言うが、しかし有頂天がそうそう続くものではない。ゲラが送られてきて昔読んだ『釈尊の生涯』を再読するうちに、だんだん後悔に似た感情が生まれてきた。こんな光栄すぎる話にはもう乗るまい、という「金輪際」の気分と「有頂天」の間の六道を、私はしばらく輪廻したのである。

世に無責任な想像力で書かれた本は多い。かく言う私も、そんな本を書いている一人なのかもしれない。しかし中村先生のこの本での作業は、無数の経典に描かれた想像力溢れる釈尊像から虚飾や脚色を削ぎ落とし、生身のゴータマ・ブッダを浮き彫りにすることだった。そのために先生は、博覧強記の経典知識はもちろん、考古学や四度のインド体験から総合的にしかも慎重に言葉を出される。

細かいことは忘れていたから、再読する作業じたいはとても面白かった。とくにブッダが悟りを開くまえの遍歴についての考察は出色だと思う。アーラーラ仙人の「無所有処《むしょうしょ》」とウッダカ仙人の「非想非非想処《ひそうひひそうじょ》」は、最初期の仏教が仏教外の思想とともに実現をめざしていたのに、その後の思想発展に伴って過去のものになったため、彼らの思想として片づけられたのではないか。中村先生はそう仰るのである。しかも仏典から彼らの名前が消えなかった事実を重く見て、ブッダは彼らからよほどの影響を受けたのだろうと推察する。小説を書く人間として、見習うべき鋭い洞察力を感じる。同じことは、「中道」という概念の発生についての分析にも感じた。

また一方で先生は近代科学の徒として、一切の奇蹟や怪力乱神を悉く排除しようとする。ここにおいて先生は、ふと文学の敵ではないかとさえ思えたりする。

例えば釈尊が亡くなったときに大地震が起こったとする経典の描写などは、証拠も挙げないままにニべもなく否定される。聖書にも共通するこの出来事を、先生は「おそらく後世になってから釈尊の死を印象づけるために、こういう伝説が成立したのであろう」と自信満々に言ってのけるのである。

また例えば仏伝にある話で、川を渡りたいのにお金がない釈尊が船頭に「お金が無ければ渡してあげられませんね」と断られ、「そこで釈尊は虚空にとび上がって、かなたの岸に達した、という」のだが、先生は川岸でのやりとりについては「あまりに写実的に書かれているので、おそらく事実を伝えているのであろう」と書きながらも、神通力については全く頭から信じていない。

先生は古代インドのマヌ法典から、二ヶ月以上の妊娠者や遍歴者・森の隠者・バラモン族のヴェーダ学生への船賃免除の条項を導き、また世界各地の宗教者へのそうした特典の例をひいた挙げ句、このときの船頭がとくに宗教者の特権を否認する立場の船頭だったのだと言い、現実的な可能性としては、誰かがブッダの船賃を払ってくれたか、あるいはブッダがむりやり乗り込んでしまったため船頭が仕方なく船を出したのだろうと推測する。

むろん私とて、いやブッダは本当に空を飛んだのではないか、などと言うつもりはない。しかしどうしてだろう。私はこの部分を読んで思わず笑ってしまったのである。笑った理由をうまくは説明できないが、おそらく先生がブッダを終始一貫ふつうの人として扱おうという態度が痛快だったのではないだろうか。

こういう先生だから、戒律についての分析も面白い。「ブッダとなったあとでも、彼は依然として人間であったのであり、悪魔の誘惑を避けねばならぬ点では（普通の人間と）同じであった。このことをはっきり自覚していたからこそ、彼は多数のやかましい戒律を制定したのである」と仰るのである。

そうして慎重に鑿をふるいながら、先生は大きな岩から一人の人間の彫像を彫りだす手つきでゴータマ・ブッダを描いていく。いや、描いていくのではない。おそらく描くための材料を提供してくださっているのだろう。なぜなら、彫像を彫ったり絵を描くことはすでに偶像を作ることであり、先生の作業の眼目はそれを一旦壊すことにこそあったからである。

しかし膨大な作業のなかで、どうやら先生は具体的な資料を基にかなり斬新な釈尊像の材料を提供している。いや、この本の随所に、材料は転がっていると言えるだろう。

造形しないように私も勝手に拾い上げてみる。

例えば「慈悲」という概念が、大乗仏教になって発展したことは確かだが、それは釈尊が自ら体現したものだと古い時代から伝えられていること。

森に独り暮らす恐怖は、精神統一ができていないからだとされるが、おそらくその恐怖を釈尊自身も体験したであろうこと。

仏教の出発点としての教義が種々に異なって伝えられていることから、仏教そのものに特定の定式化した教義はなく、対機説法が拾い集められて後世に教義化したのだろうこと。

これらのことが中村先生発案になる見解であるのかどうか、残念ながら浅学非才な私には判らない。しかしページを捲っていくと、静かな口調ながら先生の独創的な言葉が頻出してくるような気がする。

曰く、「仏教がいきなり公開教として世人に直接に訴えたのではなくて、特殊な苦行者たちの間から徐々に発展したものである」。

またアーナンダへの最後の説法「自燈明法燈明」を拠り所に、曰く、「(釈尊は)自分が教団の指導者であるということをみずから否定している」。これは結構過激な発言ではないだろうか。

じつはもっと過激なものもある。釈尊の末期が近づいたとき、かなり強引に教えを請う遍歴行者スバッダへの説法を根拠に、中村先生は、「歴史的人物としてのゴータマはその臨終においてさえも、仏教というものを説かなかった」と仰るのである。

では何を説いたのか、ということになるが、彼が説いたのはいかなる思想家・宗教家でもあゆむべき真実の道だと云う。そして仏教という特殊な教えは、後世の経典作者によって作り上げられたのだと仰るのである。

なんだか一冊の本のなかで、大変なことが起こってしまったような気がする。むろんこの見解に対する学問的な意見など私には言えない。しかし少なくとも人は、どんなに総合的に慎重に材料を検討しようとも、自分の心に沿った意見しかもてないのだということは私にも解る。つまり、眼にとまる材料がすでに作者の心、仏教的に言えば心の構成力としての「行」に染まっているのである。この場合は、だから中村先生御自身がそういう考えに立っていたということだろう。

スバッダへの説法で釈尊は、自分は出家してから五十余年、「正理と法の領域のみをあゆんできた。これ以外には〈道の人〉なるものも存在しない」と語っている。

中村先生は出家こそされていないが、この言葉はまるで先生が仰っているように聞こえないだろうか。

こういう言い方をするととても失礼な気もするのだが、言ってしまおう。『釈尊の生涯』において先生が取り出されたゴータマ・ブッダの材料は、とりもなおさず中村元という生身の人間の理想を構成する材料になるのである。御自身もおそらく仏教という特殊な教えを学んでいるつもりはないのだろうし、しかし間違いなく〈道の人〉だった。またこの本の最後に僅かに描かれる釈尊の性格も、多分に御自身を映してはいないだろうか。

それにしても大先輩の碩学に対し、しかも面識もなくテレビで視たことがあるだけの私が、こんなことを書いて良かったのだろうか。こうなれば私としては、「広々としたおちついた態度をもって異端をさえも包容してしまう」というゴータマの描写が、そのまま先生の性格でもあることを祈るばかりである。ようし、同じ祈るならお経をあげて祈ってしまおう。お経も、音読の棒読みならたぶん先生に負けない。

（げんゆう　そうきゅう／作家・僧侶）

平凡社ライブラリー　478

釈尊《しやくそん》の生涯《しようがい》

発行日…………2003年9月10日　初版第1刷

2022年11月19日　初版第9刷

著者……………中村元

発行者…………下中美都

発行所…………株式会社平凡社

〒101-0051　東京都千代田区神田神保町3-29

電話　東京(03)3230-6579[編集]

東京(03)3230-6573[営業]

振替　00180-0-29639

印刷・製本………株式会社東京印書館

装幀……………中垣信夫

ISBN978-4-582-76478-9

NDC分類番号180

B6変型判(16.0cm)　総ページ248

平凡社ホームページ　https://www.heibonsha.co.jp/

落丁・乱丁本のお取り替えは小社読者サービス係まで
直接お送りください(送料，小社負担).

平凡社ライブラリー 既刊より

竹内照夫著
四書五経入門
中国思想の形成と展開

儒教の主要文献である『論語』『孟子』『易経』『春秋』など、いわゆる四書五経に対する正当な評価と、これらの古典を生み出した心と生活態度を解明した好著。

劉向＋葛洪著／沢田瑞穂訳
列仙伝・神仙伝

時間を超えて永遠の若さと生命を保ちつつ無限の自由を求める仙人は、人類の根源的夢想の体現者である。彼らのまことに多様でユニークな姿を活写する、中国仙人伝の双璧。

解説＝井波律子

高馬三良訳
山海経《せんがいきょう》
中国古代の神話世界

中国の原始山岳信仰を伝える最古の地理書。空想を交えた山河と、そこに住むきわめて奇怪な姿の鬼神・怪物を通じて、古代中国人の神話と世界観が語られる。

解説＝水木しげる

白川静著
文字逍遥

甲骨文・金文から現代の国語問題に至るまで、三千数百年に及ぶ遥かなる漢字の歴史世界を見渡し、そこに隠された精神史の諸相をあざやかに捉えた随筆集。

解説＝中野美代子

白川静著
文字遊心

白川文字学の精華ともいうべきエッセイ集。中国人の精神の淵源に迫る「狂字論」「真字論」、金文のなかに古代人の生活を見る「火と水の民俗学」などの諸篇を収める。

解説＝武田雅哉

白川静著

漢字の世界 1・2

中国文化の原点

漢字はどのようにして生まれたのか？　その本来の意味とは？　古代人の心の世界を映す鏡である、深奥な漢字の世界を語りつくす。『字統』『字通』との併読を推奨。全2巻。

白川静・梅原猛著

呪の思想

神と人との間

3300年前に生まれた漢字は、人が神の力を持つための手段だった！　白川静をこよなく敬愛する梅原猛が原初の文字に封じこめられた古代人の心について聞く、東洋の精神にせまる巨人対談。

川勝義雄著

中国人の歴史意識

哲学ではなく史学こそ中国における「諸学の学」である。司馬遷の歴史観ないし中国人一般の歴史意識、道教と仏教、中世史に関する諸論考を集めた遺稿集。

解説＝礪波護

原田敏明＋高橋貢訳

日本霊異記

雷をつかまえる男、「美女と白米と金をくれ」と観音に祈る男など、不思議な男女が登場するわが国初の仏教説話集を口語全訳した。生命力と魅力に溢れた必読の書。

R・A・ニコルソン著／中村廣治郎訳

イスラムの神秘主義

スーフィズム入門

イスラム教の理解に欠かせないスーフィズムの基本思想、神秘体験、信仰生活の内的構造を平易に説く第一級の入門書。類書皆無。著者は英国最高のイスラム学者。

解説＝中村廣治郎

K・リーゼンフーバー著／矢玉俊彦・佐藤直子執筆協力

西洋古代・中世哲学史

古代ギリシアから中世末期まで、主要人物とその業績を広範に跡づける、第一人者による最良・唯一の通史。原典からの豊富な引用を含み、詳細文献表、索引を完備。

クラウス・リーゼンフーバー著／村井則夫訳

中世思想史

西方ラテンに加え、アラブ、ユダヤをも包摂して、豊かな知的伝統を総合的に叙述する、第一人者による最新の通史。文献表、図版（70点）、索引を兼備する増補決定版。

毛沢東著／竹内実訳

毛沢東語録

毛沢東の著作から彼の革命精神を表す言葉を集めた『毛沢東語録』。かつて世界を揺るがせたこの本から、今、何を読みとるか。

解説＝津村喬／田崎英明

クシシトフ・ポミアン著／松村剛訳

増補 ヨーロッパとは何か

分裂と統合の1500年

民族・言語・宗教が複雑に入り組む、文化のモザイク――ヨーロッパ。〈分裂〉と〈統合〉、〈中心〉と〈辺境〉などを軸に、ローマ時代から現代までを立体的に描き出す画期的通史。

解説＝西谷修

L・フェーヴル著／長谷川輝夫訳

歴史のための闘い

ブローデル、アリエスらを輩出したアナール学派の産みの親が、歴史をその全体性において、深層から捉える「生きた歴史学」を説いた歴史学入門の古典。

解説＝二宮宏之